高等职业教育
考试招生制度研究

邱懿 —— 著

**Research on
the Examination
and Enrollment System
of Higher Vocational Education**

中国教育出版传媒集团
高等教育出版社·北京

内容简介

党的十八大以来，职业教育被摆在了更加重要的位置，进入改革发展新阶段。与职业教育被赋予的重要社会历史使命相比，职业教育考试招生制度尚存在考试制度不能体现职业教育类型特点、招生制度未能凸显职业教育功能地位等问题，表现为教育治理主体参与不足、考试政策供给缺失、职教特点未能体现等。本书通过梳理职业教育考试招生制度的发展历程和各地实践，从多元治理视角提出政策建议，即推动多元共治，完善职教高考运行机制；加强技能评价，构建高等职业教育"文化—技能"评价体系；改革录取制度，构建普教与职教并行的招录制度体系；深化实践改革，在职业教育一体化培养实践中完善制度设计；支撑多元发展，引导社会理性选择"适合的教育"；加强制度供给，通过政策重组重构提升治理效能等，以期为高质量教育体系构建提供支撑。

图书在版编目（CIP）数据

高等职业教育考试招生制度研究 / 邱懿著 . -- 北京：
高等教育出版社，2023.12
ISBN 978-7-04-061247-9

Ⅰ.①高… Ⅱ.①邱… Ⅲ.①高等职业教育 – 招生制
度 – 教育改革 – 研究 – 中国 Ⅳ.① G718.5

中国国家版本馆 CIP 数据核字（2023）第 203908 号

高等职业教育考试招生制度研究
Gaodeng Zhiye Jiaoyu Kaoshi Zhaosheng Zhidu Yanjiu

策划编辑	叶 波	责任编辑	胡乐心	封面设计	李树龙	版式设计 杨 树
责任绘图	裴一丹	责任校对	刁丽丽	责任印制	赵义民	

出版发行	高等教育出版社		网　　址	http://www.hep.edu.cn
社　　址	北京市西城区德外大街 4 号			http://www.hep.com.cn
邮政编码	100120		网上订购	http://www.hepmall.com.cn
印　　刷	北京中科印刷有限公司			http://www.hepmall.com
开　　本	787mm×1092mm　1/16			http://www.hepmall.cn
印　　张	9.5			
字　　数	120 千字		版　　次	2023 年 12 月第 1 版
购书热线	010-58581118		印　　次	2023 年 12 月第 1 次印刷
咨询电话	400-810-0598		定　　价	48.00 元

本书如有缺页、倒页、脱页等质量问题，请到所购图书销售部门联系调换
版权所有　侵权必究
物 料 号　61247-00

代　序（一）

党的十八大以来，党中央、国务院高度重视发展职业教育。特别是近年来，从国务院《国家职业教育改革实施方案》到中办、国办《关于深化现代职业教育体系建设改革的意见》，国家不断加大政策供给、创新制度设计，加快建设现代职业教育体系，增强职业教育对经济社会发展需求的适应性。职业教育考试招生制度作为职业教育体系建设的基本要素，作为职业教育、高等教育、继续教育协同创新的关键联结点，受到越来越多的研究者关注。然而，聚焦职业教育考试招生制度这一新热点，发表一两篇文章不难，但坚持围绕这一个点，进行系统阐述，形成专著式研究成果却需要很强的研究韧性和大量的研究投入。邱懿博士从 2018 年开始，敏锐聚焦"职教高考"这一国家职业教育体系建设的关键问题，系统思考职教战线、社会各界关于职业教育治理的诸多疑惑，形成著作《高等职业教育考试招生制度研究》。该书既是对过往实践和研究的系统性总结和反思，更是对现代职业教育体系建设的结构性谋划和瞻望。

本书是一本准确实用的"研究手册"，既以职业教育研究者的视角，系统梳理了职业教育考试招生的历史发展及现状模式，对职业教育考试招生制度的利益相关者进行了广泛调研和深度跟踪；又从国家教育行政部门管理者视角，对全国和各省份的职业教育考试招生政策从出台到实施进行系统分析，避免了以往其他学者选取部分环节和区域情况进行研究的局限。整体上，政策文献全、调研数据广、反馈信息准，形成了可信度、准确度高的一手研究资料。

邱懿在教育部职业教育与成人教育司工作了 10 年，对我国职业教育有深厚的感情，参与了多项政策文件起草和行政决策，具有宽广的视野和较高的站位，加之她对文字的积累，行政工作的背景与学术研究相融合。使得本书成为一本价值可观的"学术论著"。书中创新性地将公共治理理论运用在职业教育考试招生制度设计中，基于我国职业教育跨界多元的府际关系特点，提出集权与适度分权的多主体职业教育考试招生制度治理框架，并构建适应职业教育类型特征"文化—技能"多元评价矩阵模型，凸显学术价值。同时，以职业教育考试招生制度为纲，兼容并蓄，从管理学、教育学等多元视角，对现代职业教育体系建设中相关问题提出了鲜明且独到的见解，凸显实践应用价值。

在当前建设教育强国的背景下，在深化现代职业教育体系建设改革的新时期，迫切需要健全职业教育考试招生制度，完善职业教育考试招生管理办法，创新实践职业技能过程性考核评价模式，构建完备的职业教育考试招生体系。在这个关键节点，本书可以帮助我们从历史发展中汲取智慧、从改革实践中总结经验、从现实需求中找寻方向，对于完善我国职业教育考试招生制度具有重要意义，是我国职业教育考试招生研究领域的一项重要成果，也是对职业教育学术界的一项重要贡献。

华东师范大学终身教授

2023 年 9 月 8 日

代　　序（二）

　　教育政策研究是教育学领域重要的研究方向，国家通过教育政策的制定落实国家意志、回应多元诉求、协调利益关系，系统构建教育体系的"四梁八柱"。职业教育是我国教育体系的重要组成部分，为我国经济社会的发展提供具备不同职业技能的高素质人才。改革开放以来，我国政府一直高度重视职业教育发展，围绕现代职业教育体系建设，直面职业教育改革发展的痛点和难点，持续强化政策制度供给，致力推动职业教育高质量发展。其中，职教高考作为实现现代职业教育体系纵向贯通、横向融通的关键节点，作为贯彻教育评价改革分类选拔的主要内容，作为助推技术技能人才多元成长成才的重要支撑，成为现阶段职业教育改革深水期的热点议题、关键议题。

　　在这样的背景下，我的博士生邱懿撰写的《高等职业教育考试招生制度研究》正当其时。一方面，对我国职业教育领域考试制度的相关政策文本进行了系统的分析，梳理了一份相对完整的高等职业教育考试招生制度资料集，同时，随着政策背景不断地演变，重点阐述一系列政策制定的动态、连续、主动选择过程，展示了作者对于高等职业教育考试招生制度独到的见解。另一方面，敏锐地发现教育政策与其他公共政策在目标设计、利益分配、执行落实等方面的特殊性，同时聚焦职业教育治理体系的特殊性，从府际管理的视角分析了高等职业教育考试招生制度的实践现状，明确了高等职业教育考试招生政策设计的思路，以及具体细化制度制定与落实的流程，较好地阐释了职业教育考试招生制度利益分配。

　　基于政策梳理、理论分析、实践反思以及个案推演，本书进一步针对性地提出了政策完善的建议，重点体现在适应职业教育治理体系，建立考试招生环节的集权与适度分权的多主体治理框架；适应深化现代教育体系建设改革，构建与职业教育类型相适应的考试招生制度；适应学生主体个性化成长成才，完善具有职业教育特点的"文化素质＋职业技能"评价体系等，相关建议具有较强的针对性、操作性，对于我国高等职业教育考试招生制度的改革起到了较好的政策启发作用。

应邀作序，而通读全书，收获良多。同时，也深感职业教育考试招生还需在制度设计上和路径方法上不断突破创新，尤其在具体操作中如何既要保证教育公平又要落实多元评测，如何真正选拔出、真正培养出适合职业教育发展的学生，如何通过职业教育考试招生制度的改革这个小支点，去撬动解决社会大众对于普职分流的焦虑、千军万马过普通高考独木桥的焦虑，职业教育考试招生制度还需要在执行落实过程中不断细化、创新，切实解决不同利益主体的博弈问题。希望读者朋友们能够以此书为基，共同研究探讨，在新形势下共同答好职教高考这一关于考试的考题。

北京大学教育学院副院长、长聘副教授

2023 年 9 月 8 日

前　言

　　职教高考是近年来理论和实践界的一个热门话题。自 2013 年首次在政策文件中以高考分类考试的名称提出来后，2019 年后又以职教高考的面貌在政策文件中出现，通过职教高考录取人数占高职院校招生规模的比例，已从 2014 年的约 20% 增加至 2023 年的 60% 以上。成为高职院校招生的主渠道。近年来，伴随着职业教育类型定位的事实确立和教育领域评价改革的深化，一石激起千层浪，"分类"弹出万般音。由于事关职业教育的系统性变革，事关依法治教、教育治理体系完善乃至教育体制全局，围绕职教高考的讨论急剧攀升，热度居高不下。

　　对于一项政策来说，其生命力在于执行。而对于一项政策研究来说，其生命力既在于选择具有时效性的议题，又在于可以做出接受实践检验的成果。考试评价制度研究一直是教育研究的热点，现代职业教育体系建设是近些年来的另一个热点，两个热点叠加，使得职教高考成为一个具有时效性的议题，同时也是涉及现代职业教育体系的重大制度，受到学界的广泛关注。

　　当时，我正在清华大学攻读硕士学位，后来又在北京大学继续攻读博士学位，在这期间主要围绕着职教高考制度的相关问题开展学习研究。我曾以初生牛犊不怕虎的勇气，试图从理论上探索职教高考分类考试管理政策体系的宏观架构。然而，高利害、大规模，牵一发而动全身，对于职教高考的改革思路一直争议颇大，虽然国家层面明确了分类考试的制度空间，但当时配套支持制度、推进策略等尚不明晰，各地推进热情也不一，社会对政策实施过程产生了诸多疑惑。

自 2018 年起，我聚焦职教高考这个主题开展研究，至今历时五年，在此过程中，在不同研究阶段采取了不同的研究方法。在研究的初期，由于对分类考试的关键概念并不清晰，主要通过入校调研和与职业院校学生、教师、中层管理者、校级领导，各级教育考试机构、教育行政部门的访谈，确定核心利益相关者，并确定研究问题的内核，运用内容分析法，对大量的政策资料、案例内容和经验材料进行综述和概括，为定量研究描述研究问题，确定研究现象的性质。在研究的后期，采用问卷调查法。研究发现，政策推进由多个相互影响的要素组成。核心利益者的选择意向不同，其政策态度存在显著差异。这大体上是因为，每一项政策都有具体的情境和相对集中的利益配置范围，而职教高考政策的核心利益相关者更为关注政策内容可能引起的自身权益变化。既然有难以平衡的利益诉求，就难以在短期内真正有效建立起分类考试改革的普遍信念，这也成为政策落地的制约因素。

几经打磨，2021 年在《中国考试》以"我国高等职业教育考试招生制度现状、问题与展望"为题，首次发表阶段性研究成果，有幸得到战线认可，并被人大复印报刊资料全文转载。后来，各地相继出台相关实施意见，这其中既有常规化的政策扩散，也不乏大胆的制度创新。比如山东省，改革后专科计划爆满，录取最低分"脱底"，社会认可度问题得以破冰。而当职业教育发展真正进入强调融合的后类型教育时代，当政策实践从"在争议中试点先行"阶段演进到"在法律框架下正式推开"阶段，相关研究和实践才逐渐焕发出全新的生命力，当时研究发现的主要问题并没有因为新政策的出台而自动消失，原有研究对当前和未来加快推进考试改革落地仍具有一些参考价值。尤其伴随改革进入深水期，高等职业教育亟需在考试招生等关键制度上取得突破，解决在体系建设中制度性"卡脖子"问题。

然而，实践进展似乎总超前于理论研究。职教高考作为类型化的教育评价，是完善高端技术技能人才培养、全面建成高质量现代职业教育体系的关键，这已成为战线共识，并逐步得到了职教圈外的研究和实践者的认同，而在改革过程中出现的新问题、新矛盾也不断引发新的思考和探索。我尝试在书稿中续写新的进展，反而治丝而棼，难成一体。思虑再三，虽然无法涵盖行至今日的改革全貌，但亦不敢过分藏拙，呈上发展特定阶段所做的调查与思考，有不当之处望读者谅之为感。

本书可以说汇集了我在教育部职成司工作的碎片见识和零星思考。我在教育研究领域的兴趣和探索，得益于三位老师的指导。先后求学于复旦大学、清华大学、北京大学，分别师从许平、薛澜、哈巍等教授，受到不同专业和不同风格的学术训练。诸位师长敏锐的洞察力、活跃的思想和独到的见解，常常让我在所思所想的迷惘混沌中豁然开朗，在我于人生路口迷茫困惑时给予最强大的支持，给了我一个学人意欲得到但又不容易得到的茅塞顿开之感。薛澜教授是我硕士阶段的指导老师，他将我带进了公共管理的天地，以管理的视角审视所从事的教育管理工作，教导我研究真问题。哈巍教授是我博士阶段的指导老师，他治学严谨，对我严管厚爱，支持我在工作之余持续思考，并将思考转化成文字，给了我极大的鼓励和支持，从此弹动了以研究促进工作的"飞陀"。陈子季司长既是我在职成司时的领导，又是我从事研究的导师，除了带领我们持续开展了两轮大的教育改革，使得这片教育的"盐碱地""教育领域的薄弱环节"发生了"格局性的变化"，打了翻身仗；还带领我进入了全新的教育研究领域。攻读硕士、博士学位期间的所有机遇和人遇，都源于各位导师的提携和指引。这给了生长在教育考试院、从事教育研究、干教育行政管理工作的我许多全新的视角，引导我以客观的方式和理论的视角分析习以为常的教育现象，使得我在干好本职工作的同时，更是不敢有丝毫懈怠，"用头脑来思考，用读书来倾听，用写作来倾诉"，几乎构成我的生活状态、我的生存方式、我的生命依托。导师用心之深、用力之勤，无人能及。培育之恩，无以回报。感谢几位恩师，也希望不会辜负他们的栽培与期望。

这篇"小集子"在单位领导和友人的真诚关爱下，得以缀辑成册，付梓问世，算是了却自己的一个心愿，也是向读者、同行、老师、领导、友人做个汇报。因涉及面广、相关因素复杂、个人水平有限，相关研究还处于初步阶段。我想，这样一册不成体系的"东西"，如果能够给我们的政策制定者提供些启发，给我们的研究者提供些参考，给我们的探索者提供些借鉴，给我们的实际工作者提供些联想，就不徒费精力、枉出此集了。

邱　懿

2023 年 9 月 7 日于文慧轩

目　　录

第 1 章

研究背景及意义、方法

1.1 研究背景及研究问题

随着经济社会发展进入新的阶段，技术技能人才和高素质劳动者的重要性日益凸显。同时，人工智能等科学技术的进步，使得人力资源结构和教育结构都发生了深刻变革，国家对人才数量、结构和规格的需求都发生了巨大变化。而需求和供给"两张皮"的现象仍然存在。高等职业教育是培养技术技能人才的主力军，从学生入学来看，当前从制度设计层面虽然有普通教育和职业教育两套升学体系，但在考试招生这一关键环节上仍存在诸多不适应，影响了技术技能人才的选拔培养。

同时，与职业教育被赋予的重要社会历史使命相比，我国尚未建立起与职业教育类型教育地位相匹配的考试招生制度。职业教育培养目标、培养方式与普通教育有着显著的差异，进而对考试招生制度提出创新要求。相较普通高考，现行的高等职业教育考试招生制度涉及主体多元、形式多样、各地执行力度不一，尚处于探索和初步发展阶段，存在规范强制力较弱、认可度较低的现象，制约了职业教育的高质量发展。同时，规模庞大的高等职业教育亟待解决层次如何向上延伸的问题，这一问题的解决也有赖于考试招生制度改革取得突破。

当前，职业教育受到党和国家高度重视，社会热度持续上升，高等职业教育考试招生制度面临重要的改革窗口期。建立与职业教育定位和功能相适应的人才选拔评价制度，已经成为提升职业教育发展水平的关键环节。

由此，本书提出研究的核心问题：我国高等职业教育入学考试应如何改革，各利益主体应承担哪些相应的责任，以更好地适应技术技能人才选拔的需要？从教育治理的视角看，政府、学校、考生及各相关利益主体应如何参与多元治理？如何建立具有职业教育特点的教育评价制度？本书通过对当前职业教育考试招生制度实施情况的理论和实证研究，结合对部分区域探索进行分析，尝试提出下一步职教高考改革的路径建议。

1.2　研究意义

本书对当前高等职业教育考试招生制度实施情况进行理论和实证研究，具有一定的社会价值、理论价值和公共价值。

一是社会价值。人才选拔是技术技能人才供给的薄弱环节，研究解决这一"卡脖子"问题具有重要的现实意义。从教育体系内部看，职业教育作为一种类型教育，其培养目标侧重于实用性技能的训练。经过近几年的大力发展，以各项教学标准制度建立为标志，职业教育类型特色已具雏形，但在人才选拔这一关键环节，当前仍未建立起与类型教育相匹配的考试招生制度。职业教育改革进入深水区，亟须在招生制度和学位授予等关键环节上取得突破。职教高考群体不断扩大，研究社会生源的选拔培养，既是应对扩招任务的压力，也是职业教育自身开放发展的需要，这对于为劳动人口赋能，以教育红利抵消人口数量下降的影响，打造升级版人口红利有重要的社会意义。

同时，当前对于高等职业教育考试招生制度的实践正在不断深入，对各地开展的探索实践进行总结和比较分析，并在此基础上提出完善顶层设计的政策建议具有重要的现实意义。

二是理论价值。对教育评价的研究是当前教育领域的主流研究方向之一，但这类研究集中在区域性和考试技术等方面，将考试置于公共管理视角进行研究的相对较少，在多元评价等方面开展的理论探索不多。另外，职业教育在我国各级各类教育中有着最强的跨界属性，与经济社会联系最为密切，除了招考"事中"，在"事后"培养和"事前"的制度准备阶段已有较高程度的多元协同参与，有较为独特的治理尝试。因此，对职业教育评价利益相关方代表进行综合分析，有助于更好地了解多元治理的运作机制，明晰责任，弥补模式缺陷。

三是公共价值。教育治理背后是深层次利益表达协调的问题，高考作为大规模、高利害考试和教育领域的关键制度，可能是改革中最难撼动的藩篱。很长时期以来，教育领域以政府为主体和主导的治理是治理的重心。按照治理体系现代化中关于合理配置权力的要求和国家关于考试招生制度改革的精神，探索高职招考环节的集权和适度分权，从一元主体到有限程度的多元主体参与，从育人环节延展到选拔使用前后各环节，构建符合类型教育定位和具有职业教育特色的多元治理体系和评价体系，对于提升教育治理水平和治理效能有一定借鉴意义。

1.3 研究方法

本书主要采用以下几种研究方法开展研究。

文献分析法、历史比较法。基于已公开的国家和省级层面政策文献和教育统计数据，对历史和现状进行回顾，调研了国家层面1985年以来和各省2014年以来出台的深化考试招生制度改革实施方案情况，分析政策扩散、变迁的路径和主要活跃点。

问卷调查、访谈法。对高职学生入学一年后专业选择满意程度进行调查，基于2019年和2020年回收的七千余份有效问卷，对影响专业选择的因素进行回归分析，并提出职业引致的渐进决策模型。对院校招生负责人进行访谈，访谈对象覆盖全国十余个省份，对生源质量情况和考试招生环节评价进行分析，并对访谈内容按照主体和环节进行结构化编码，总结多元共治发挥的作用。对企业进行问卷和访谈，了解就业市场反馈。此外，面向各地教育行政部门和教育部直属单位，以及熟悉政策出台过程的专家进行访谈，了解政策背景和实施效果。

　　本书根据治理理论构建"教育治理分析框架"，对利益相关方（学生、学校、企业）调研结果进行分析，并将其与前文梳理的政策及现状进行比对，发现利益主体缺失、利益相关方存在博弈和矛盾心态，以及改革要求与现行政策之间存在差距。根据多元评价理论构建"文化—技能"评价矩阵，对当前各地采取的主要考试形式进行综合分析，根据其所在象限位置明确评价类型。基于教育多元治理框架和评价矩阵，构建在职教高考这一环节中的各参与主体及其责任，并通过利益相关方分析，将各主体的责任逐步明晰，提出教育治理视角下的职教高考改革政策建议。

表 1-1　本书部分调查数据来源情况

序号	调查数据	数据时间	调查目的	调查对象及样本量	数据来源	使用章节
1	1985—2020 年国家层面政策出台情况	1985—2020 年	了解政策变迁及走向	21 份国家层面政策文献	教育部公开文件	第三章 3.2.1
2	当前职教高考的主要模式	2020 年	了解当前职教高考主要模式	政策文献	教育部公开文件及访谈结果	第三章 3.3.1
3	全国高考本专科录取分数线离散程度	2010 年、2015 年、2020 年	了解专科批次录取线与本科线差距情况	近 10 余年各省录取分数线	公开的录取分数线	第三章 3.3.2
4	各地出台的深化考试招生制度改革实施方案名称及时间	2016—2019 年	了解各省跟进、政策扩散情况	30 余份省级政策文献	各省份公开文件	第四章 4.2
5	学生专业选择满意度调查	2019 年、2020 年	了解学生在填报志愿时的专业选择满意度情况	全国高职院校的一年级学生，2019 年 1 046 份、2020 年 6 351 份	问卷调查	第六章 6.1

序号	调查数据	数据时间	调查目的	调查对象及样本量	数据来源	使用章节
6	高职院校招生办老师访谈	2020 年	了解院校对生源满意度情况及建议	15 位高职院校招生办教师	访谈	第六章 6.2
7	企业用人需求调研	2020 年	了解企业用人需求	1 318 家机械行业企业	问卷调查	第六章 6.3
8	职业教育贯通、衔接培养有关情况调研	2023 年	了解各省份中高职贯通人才培养现状	全国各省、自治区、直辖市	书面调研及数据搜集	第五章 5.2、5.3

第 2 章

文献综述及相关理论

2.1 文献综述

2.1.1 职业教育考试研究

众多学者对于考试的性质和功能开展了丰富的研究，认为考试既是教育内部制度，也属于公共服务和公共管理制度。

考试（统一高考）具有公共属性，是一种公共服务产品和公共管理制度，是由政府根据法律向社会提供的用于高校考试招生的特定产物[①]。考试还具有政策工具的功能，其所具备的分化和选拔功能，使得对其进行的改革历来是教育体制改革的突破口[②]。

针对"我国职业教育入学考试如何更好实现教育的功能，适应技术技能人才分类选拔及培养"这一问题，改革的必要性和迫切性得到学界的普遍认可，对于改革方向的认识也基本趋同，但作为关键环节的考试招生制度应如何推进，不同学者的观点各有不同。

国内学者认为职业教育与普通教育是两种不同类型的教育，但职业教育考试招生制度相较丁普通高等学校招生制度缺乏自身特色。高等职业学校招生虽然在不断改革，考试内容和技术环节也有所改进，但总体上还是在普通高考制度框架下，服务普通高中教育的升学考试。因此，也有学者认为，当前职业教育还没有高考制度，迄今为止只是构建了一些局部化的升学途径[③]，职教高考制度是具有类型教育特点的一项职业教育基本制度[④]。选拔和评价制度的多元也不能是层次与等级方面的不同，而必须是类型或横向方面的分化与差异，从而适应不同发展要求的人们的不同需要[⑤]。还有学者呼吁，长

① 柳博. 新高考制度改革的现状与思考：制度变迁的视角 [J]. 中国高教研究，2020（1）.
② 瞿振元. 努力建设中国特色现代考试招生制度 [J]. 中国考试，2017（5）.
③ 徐国庆. 作为现代职业教育体系关键制度的职业教育高考 [J]. 教育研究，2020（4）.
④ 孙善学. 完善职教高考制度的思考与建议 [J]. 中国高教研究，2020（3）.
⑤ 谢维和. 教育活动的社会学分析 [M]. 北京：教育科学出版社，2000.

期依附于普通高校统一考试招生制度，影响了职业教育作为一个独立的高等教育体系的发展壮大 [①]，改革必须要与国家治理体系和治理能力现代化相适应 [②]。

2.1.2　研究评述

职教高考这一概念于 2013 年首次在政策文件中提出，在 2019 年作为国务院文件正式明确，学者对其开展的研究也伴随着这两个节点呈现蓬勃之势。早期研究较多存在于理论和宏观层面，主要将其作为职业教育体系的一环进行研究。2013—2019 年，随着各地陆续出台职教高考分类考试实施办法，学者较多对区域施考内容形式进行研究。2019 年职业教育迎来首次扩招，结合扩招任务完成情况，各地的职教高考采取了多种探索，针对实践中的情况和问题的研究不断增多，学界开始产生较多反思和建议。

考试评价制度研究一直是教育研究的热点，受到广泛关注。我国对职教高考制度改革研究起步较晚，从事理论研究的多是招考一线的工作人员及教育政策理论研究者。近年来随着职业教育改革不断深化发展，相关理论研究及成果越来越丰富，研究热度快速上升。广大学者对于改革的理念价值和改革方向的认识趋于一致，但具体到考试方法和内容如何体现职教特色、构建什么样的招生录取途径等方面，分别提出了不同的意见。

目前的研究呈现几种类型：一是专题研究。其侧重于对招考制度的某一侧面或某一环节进行研究，如以考试内容形式、计划投放，高职院校自主招生等为研究主题，或结合高职扩招等政策热点开展研究。二是区域研究。其主要结合各省份对职教高考的探索，如福建、江苏等地开展的对口单招、贯通培养、注册入学等，对区域经

[①] 蒋丽君.对高等职业教育考试招生的若干思考——以新高考改革为视角 [J].中国高教研究，2016（7）.
[②] 瞿振元.建设中国特色现代考试招生制度 [J].教育研究，2017（10）.

验进行总结研究。三是比较研究。其主要以历史或国际研究为主，如与德国双元制培养模式进行比较、分析近年高考制度改革政策变迁等，厘清当前高考制度改革所处阶段，得出结论和建议。

相较于普通高考的研究，对职教高考的研究才刚刚起步，尤其在全国层面，对于生源冷热不均的现状，目前实践经验总结才刚开始，研究尚存在以下问题：对价值探讨多，定量分析少；对区域现状描述多，政策执行效果分析少；对各地执行情况缺乏统一的了解，对全国高职考试招生改革情况及特征问题等的分析较少；在分析方法上较多使用教育理论进行分析，较少结合公共管理理论进行分析。

2.2 相关概念

2.2.1 职教高考

高考指的是普通高等学校招生全国统一考试。"职教高考"在 2019 年《国家职业教育改革实施方案》中被首次提及。此前在政策文件中，其都是以"高职分类考试"的名称出现，其改革政策多年来也主要在高考综合改革的文件中部署。因此，职教高考自诞生以来便被认为是高考制度的一部分，仅作为高考制度下的高职分类考试，与其他艺术类、外语类或拔尖创新等专项共同置于"位下"的"分类"子目录中，这与职业教育当时的历史发展阶段特征是相符的。但随着职业教育改革发展进程不断加快，职教高考在政策文件中的定义已和各地实践中的事实定义有所不同。

高等职业教育的多种入学途径都应包含在职教高考制度的范畴之内。职教高考这一概念应与普通高考对等，而不应被包含在其中。因此，本书所述的职教高考采取较为广义的概念，不仅包括现行高考制度定义下的高职分类考试，还包含了分类考试、综合评价、单独招生、贯通培养和注册入学等多种入学途径。如无特殊说明，本书中的职教高考均指的是接受本、专科高等职业教育的考试招生制度。

职教高考在推行过程中，呈现出与普通高考不同的特点（见表 2-1）。

表 2-1　职教高考与普通高考的不同特点

	作为公共产品	作为公共服务	作为公共制度	考试功能	考试方式
普通高考	供不应求	由国家统一提供	已牢固建立	选拔性考试	统一
职教高考	供过于求	各级政府提供	初步建立	合格性考试	分类

2.2.2　公共治理

全面深化改革提出了推进国家治理体系和治理能力现代化的要求。治理区别于管理，其目的是实现公共利益最大化。其行为主体打破了政府管理的单一主体，注重发挥多主体多元协调功能，主体多元是公共治理的重要特征[①]。

教育治理有内在相似性，是指通过一定的制度安排，多主体参与互动协商并共担责任，参与教育事务管理。教育治理呈现多元化的发展态势，不再是政府部门单一化管理模式，而是有多主体参与和互动的治理模式[②]。相较于单一主体的政府管理，多元主体参与教育治理有其显著的优势。

教育治理也并不是万能的，尤其在当前的教育体制下，它不能完全取代政府管理，而应作为政府管理方式的一种拓展。考试招生制度在教育的链条上发挥着至关重要的指挥棒作用，各主体之间存在程度不同的博弈。

2.2.3　多元评价

考试本质上是一种评价，具有鉴定、调控、激励等功能[③]。教育

---

① 俞可平.走向善治［M］.北京：中国文史出版社，2016.
② 刘海峰.新高考改革网络中的利益博弈和治理策略——基于政策网络理论的视角［J］.中国教育学刊，2020（9）.
③ 翟天山.教育评价学［M］.北京：高等教育出版社，2003.

评价是教育活动对教育目标达成程度的一种反馈。高考"一核四层四翼"的评价体系已成熟定型，也更加突出学生的综合能力和全面发展[①] 无论是作为统一高考招录下的"分类"考试，还是作为与普通高考所区别对应的职业教育考试评价，职教高考评价体系都应既满足国家教育考试改革的统一要求，又具有职教特色。这一目标的提出也和人的多元智能、多元主体评价等理论的研究一脉相承（见表 2-2）。

表 2-2　多元理论在不同主体的应用

对象	理论	内涵
人	多元智能	语言、逻辑、认知等
治理	多元治理	主体多元，协商共治
教育	多元评价	主体 / 内容 / 方式多元

高等职业教育属于高等教育，其评价主体同样多元化，以政府为中心，市场、院校和学生等共同构成了评价主体，且其评价内容、方式更丰富。

由于和市场更为贴近，职业教育要兼顾具有不同需要和诉求的利益相关者的需求，在现实中，高职分类考试就是多元评价在考试环节的具体体现。但同时，其评价目标更为复合，评价过程更为动态，需要兼顾文化和技能两个维度，在全面考量人的发展要素的基础上构建评价标准。多元评价理论对各地高等职业教育入学考试招生制度研究具有较强的适用性。

2.3　职业教育评价相关理论

2.3.1　教育治理框架

利益相关者教育治理框架是基于多元治理理论，在利益相关者

---

① 孙海波.坚持和完善中国特色社会主义高考制度［N］.中国教育报，2020-1-18（1）.

理论基础上构建的工具，针对职教高考涉及的不同利益主体，按照事前、事中、事后进行划分，对各主体的责任进行明确，共同达成最终目标（见表 2-3）。

表 2-3　教育治理框架

	事前	事中	事后
政府			
高校			
学生			
行业企业			
其他			

2.3.2　"文化—技能"多元评价矩阵

评价方式是对培养目标达成程度的一种检测，职业教育的人才培养目标是培养技术技能人才，为了充分体现职业教育类型特点，中共中央、国务院颁布的多个政策文件提出，高职院校入学考试的评价制度采取"文化素质＋职业技能"评价方式，并不断推进和完善这一评价方式。2014 年《国务院关于深化考试招生制度改革的实施意见》提出，高职院校实行"文化素质＋职业技能"的评价方式。2017 年国务院印发的《国家教育事业发展"十三五"规划》提出，推进高职院校分类考试，突出"文化素质＋职业技能"评价方式。2020 年教育部等九部门印发的《职业教育提质培优行动计划（2020—2023 年）》再次强调，完善高职分类考试内容和形式，推进"文化素质＋职业技能"评价方式。2020 年 10 月，中共中央、国务院印发《深化新时代教育评价改革总体方案》，提出完善高等职业教育"文化素质＋职业技能"考试招生办法。

多元评价有评价主体多元、评价方式多元、评价内容多元等含义^①。按照深化考试招生制度改革的目标，在多元智能^②、多元评价等相关理论基础上构建了"文化—技能"多元评价矩阵。在该矩阵中，将评价内容分为了文化和技能两个维度，具体分为"高技能—低文化""低技能—低文化""高技能—高文化""低技能—高文化"四个象限，以此测量职教高考各类模式实际分布情况（见图2-1）。

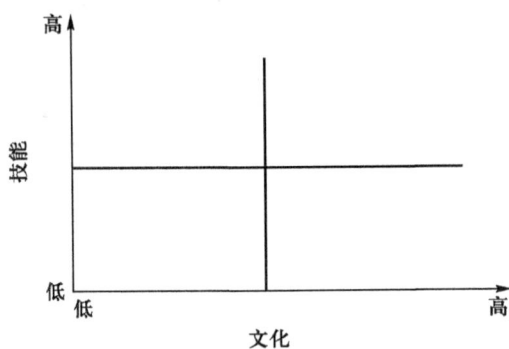

图2-1 "文化—技能"多元评价矩阵

① 孙亚玲，范蔚.课堂教学的变革与创新［M］.广州.广东教育出版社，2006.
② 加德纳的多元智能理论认为人至少有7种智能：语言智能、人际关系智能、音乐智能、自我认识智能、身体运动智能、空间智能、逻辑数学智能。

第 3 章

我国职业教育考试招生制度历史及现状

3.1 职业教育考试招生制度的历史背景

3.1.1 职业教育发展的概述

历次工业革命都引发了对人才需求的转型升级。根据彼得·德鲁克的研究，20世纪初大约10%的人员从事技术工作，这一数据在20世纪90年代上升到80%左右；而以智能制造为标志的现代制造业，从事技术技能工种的人员将达到90%以上。发达国家的职业教育发展经验也显示，伴随人才需求的不断变化，职业教育规模和层次在相应提升。为满足制造业技术迅猛发展的要求，职业教育在第一次和第二次工业革命期间形成较大规模；在第三次和第四次工业革命时期，伴随人工智能等技术兴起，职业教育需求持续高移，初等和中等职业教育需求不断萎缩，高等职业教育的需求进一步彰显（见表3-1）。许多国家兴建了新型的传统大学的替代性机构，如法国20世纪60年代中期成立的技术学院、德国70年代初期发展的应用科技大学、澳大利亚70年代初期建立的技术和继续教育学院、瑞士90年代末期建立的应用科学大学等。这些机构差别很大，但共同特点是适应地方产业转型和劳动力市场升级需要，鲜明地以就业为导向进行办学。

在我国，职业教育是培养技术技能人才和高素质劳动者的主要途径。2018年教育部介绍《高等职业教育创新发展行动计划（2015—2018年）》《职业院校管理水平提升行动计划（2015—2018年）》两个行动计划实施情况时表示，每年70%新增劳动力来自职业院校。人力资源和社会保障部《全国职业供求分析报告》中关于劳动力市场的求人倍率也显示，专科学历劳动者具有更高的市场适应能力，有更广阔的发展空间。

表 3-1　历次工业革命引起的职业教育转型升级[1]

	农业社会	第一次工业革命	第二次工业革命	第三次工业革命	第四次工业革命
	手工工场	机械化	电气化	信息化	人工智能
主要特征	小规模生产	工厂制度	大规模标准化生产	科学技术对生产的推动作用越来越明显，工作的技术含量越来越高	强调科技研发和技术创新能力，工程、技术、技能人才的界限越来越模糊
职业教育形式	学徒制（父子相传、师徒授受）	早期职业学校诞生	中等职业教育兴起	高等职业教育兴起	职业教育需求层次持续高移，本、专科职业教育需求凸显

我国教育分为三大基本类型：普通教育、职业教育和继续教育[2]。当前已经形成了各级各类学历教育的金字塔，这构成了我国人力资源的基础（见图 3-1）。

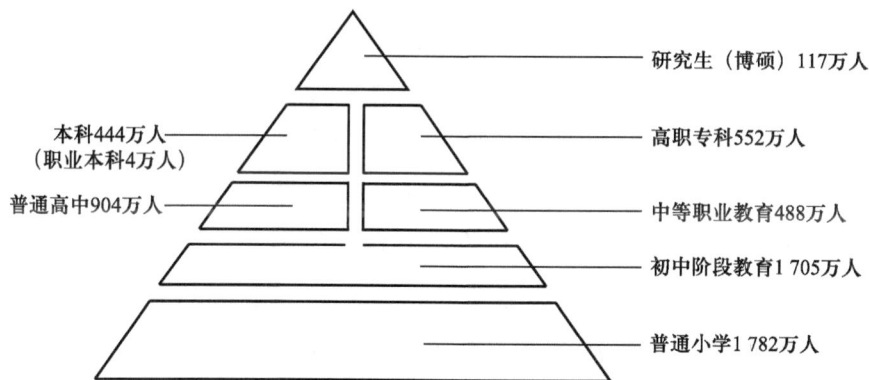

图 3-1　2021 年各级各类学历教育招生人数[3]

目前，我国已建成世界上规模最大的职业教育体系，从职教内部分类来看，分为初等、中等和高等职业教育。从学校数量上来看，中等职业教育是当前我国职业教育的主体，具有基础性地位。

至今，全国 1.25 万所职业学校开设的专业基本覆盖了国民经济各领域，年招生规模总计近 950 万人，有 2 700 多万在校生。同时，职业教育人才培养质量稳步提高，就业质量持续向好，中职毕业生就业率连续 10 年保持在 95% 以上，高职毕业生毕业半年后就业率超过 90%，每年向各领域输送上千万名毕业生，成为助推产业升级和经济增长的重要力量。

党的十八大以来，特别是 2014 年全国职业教育工作会议召开以来，职业教育被摆在了更加突出的重要位置。国务院召开全国职业教育工作会议，国家层面相继印发《国务院关于加快发展现代职业教育的决定》等系列文件[①]，为加快发展现代职业教育提供了良好政策环境。全国人大和全国政协高度关注职业教育，开展多次执法调研、监督检查，人大代表和政协委员近年来累计提交数百份相关建议和提案。职业教育作为类型教育的地位不断明确。

当前，职业教育体系仍无法充分满足经济社会发展对技术技能人才的需要，区域失衡现象仍然存在。作为技术技能人才供给的主要渠道，首先要解决在数量上的供求失衡问题，总量规模仍需适当扩大。同时，还要解决结构和质量不合理的问题，传统以体力为基础的技能正在逐步消失，以专业知识为基础的技能正在上升。当前，职业教育的生源质量满足不了技术发展需求，这一问题的根源在于选拔制度，唯有按照发展目标构建符合职业教育发展要求的选拔制度，才能培养具有系统思维和创新思维的高素质复合型技术技能人才，解决技术技能人才的供需不匹配的问题。

---

① 包括《现代职业教育体系建设规划（2014—2020 年）》《国务院关于加快发展现代职业教育的决定》《国务院办公厅关于深化产教融合的若干意见》《职业教育东西协作行动计划（2016—2020 年）》《职业学校校企合作促进办法》《职业教育提质培优行动计划（2020—2023 年）》等文件。

3.1.2　职业教育管理的府际关系

从政府内部关系来看，相较于其他教育类型，发展职业教育对于地方政府责任重大，省级统筹是我国高等职业教育治理体系的重要环节。各省级教育行政部门承担着在中央顶层设计和高校基层创新之间承上启下的重要功能，这与普通高考有很大不同。在当前国家教育考试中，除了普通高考由全国统一组织，高考制度下的高职分类考试和成人高考均由各省确定或组织。

从教育部门与其他行业部门的横向协同来看，产教融合、校企合作是职业教育长期以来最为显著和重要的特征。职业教育与经济社会有着更为天然的紧密联系，具有较强的跨界属性和更为复杂的府际关系（见图 3-2）。最为显著的特点便是国家各行业主管部门深度协同参与职业教育，表现在建立专门机构（全国行业职业教育教学指导委员会，以下简称行指委）、出台专项政策（联合多部门印发推进本行业职业教育发展指导意见）等。如 2002 年《国务院关于大力推进职业教育改革与发展的决定》首次提出行业主管部门要对行业职业教育进行协调和业务指导，2005 年《国务院关于大力发展职业教育的决定》对其实施主体和内容进一步丰富，除行业主管部门还增加了行业协会，内容增加了预测和评估；2014《国务院关于加快发展现代职业教育的决定》提出要把适宜行业组织承担的职责交给行业组织，进一步加强行业指导能力建设，除了事前预测还要建立事后就业状况定期发布制度；2014 年教育部等六部门印发的《现代职业教育体系建设规划（2014—2020 年）》对此进一步细化，提出制度化建设目标，要构建行业指导体系。这不仅在教育治理中是独特的，也是我国行政管理中多元治理的一种创造性举措。

近年来，教育部联合相关行业主管部门或行业组织牵头建立的行指委，基本覆盖了国民经济所有门类。行指委是对相关行业职业教育和培训工作进行研究、咨询、指导和服务的全国性、非营利性、非常设性专家组织，在教育教学各环节，特别是专业设置、重要项目评审推荐等方面发挥着重要指导作用。2021 年组建的新一届行指委（教职成函〔2021〕13 号）对接"十四五"时期各领域发展需要和近年来政府机构职能改革，在行指委名称、牵头单位、服务面向和对应领域等方面作了优化（见表 3-2）。相较上一届行指委，新增汽车、食品产业、市场监管 3 个行指委；人口和计划生育、卫生行指委合并为卫生健康行指委；加强拓展了工业和信息化行指委（新设电子信息、工业互联网、计算机、通信 4 个分委员会）；撤销美容美发行指委；将食品药品、食品工业 2 个行指委优化为食品工业、食品产业、药品 3 个行指委。

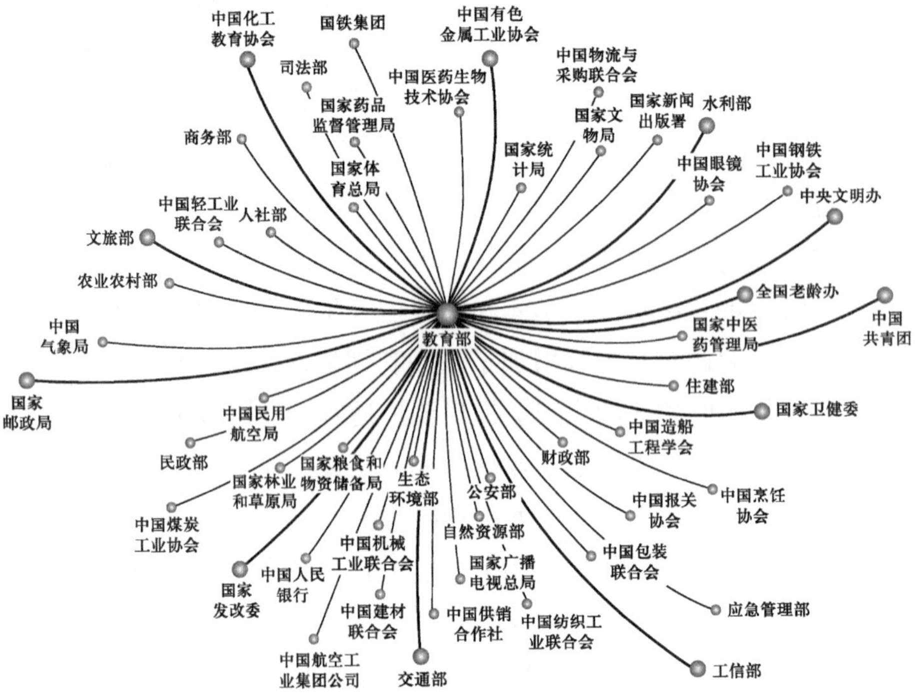

注：教育部与各节点显示单位共同印发文件或组建行指委，其中在各领域职能有交叉的单位还联合印发专项文件。

图 3-2　职业教育府际关系图

20

行指委较为显著的成果是联合有关部门印发了 9 个分行业的发展职业教育的指导性文件，具体包括：中国有色金属工业协会《关于提高职业教育支撑有色金属工业发展能力的指导意见》（中色协人字〔2012〕253 号）、水利部《关于进一步推进水利职业教育改革发展的意见》（水人事〔2013〕121 号）、中国石油和化学工业联合会和教育部《关于加快发展石油和化工行业现代职业教育的指导意见》（中石化联发〔2015〕13 号）、民政部等九部门《关于加快推进养老服务业人才培养的意见》（教职成〔2014〕5 号）、原国家旅游局《关于印发〈加快发展现代旅游职业教育的指导意见〉的通知》（旅发〔2015〕241 号）、国家邮政局和教育部《关于加快发展邮政行业职业教育的指导意见》（国邮发〔2015〕253 号）、交通运输部和教育部《关于加快发展现代交通运输职业教育的若干意见》（交人教发〔2016〕179 号）、工业和信息化部等三部门《关于印发〈制造业人才发展规划指南〉的通知》（教职成〔2016〕9 号）、国务院办公厅《关于深化医教协同进一步推进医学教育改革与发展的意见》（国办发〔2017〕63 号）。此外，多元治理方式还有共同研制标准（见表 3-3）、开展产教对话活动、召开分领域全国职业教育工作会议等，以及微观层面的合作办学、校企合作。近几年职业教育多元治理主体更完善、内容更丰富、程度不断加深，基本形成了校政行企、研究机构、社会组织共同参与的良好局面。

表 3-2　各行指委名称及牵头单位情况

序号	行指委简称	牵头单位	序号	行指委简称	牵头单位
1	安全	中国煤矿安全技术培训中心	4	餐饮	中国商业联合会
2	包装	中国包装联合会	5	测绘地理信息	自然资源部人事司
3	财政	财政部人事教育司	6	船舶工业	中国船舶集团有限公司、中国造船工程学会

序号	行指委简称	牵头单位	序号	行指委简称	牵头单位
7	电力	中国电力企业联合会	27	民政	民政部机关党委（人事司）
8	电子商务	中国服务贸易协会	28	民族技艺	国家民族事务委员会教育科技司
9	纺织服装	中国纺织服装教育学会	29	农业	农业农村部科技教育司
10	钢铁	中国钢铁工业协会	30	气象	中国气象局
11	工业和信息化	工业和信息化部人事教育司	31	汽车	中国汽车工程学会
12	公安	—	32	轻工	中国轻工业联合会
13	供销合作	中华全国供销合作总社	33	人力资源和社会保障	人力资源和社会保障部职业能力建设司
14	关务	中国报关协会	34	商业	商务部人事司
15	广电与网络视听	国家广播电视总局人事司	35	生态环境	生态环境部宣传教育司
16	国土资源	自然资源部人事司	36	生物技术	深圳华大生命科学研究院
17	航空工业	中国航空工业集团有限公司	37	石油和化工	中国化工教育协会
18	机械	中国机械工业联合会	38	食品产业	中轻食品工业管理中心
19	建材	中国建筑材料联合会	39	食品工业	中国食品工业协会
20	交通运输	交通运输部人事教育司	40	市场监管	国家市场监督管理总局人事司
21	金融	中国人民银行	41	视光	中国眼镜协会
22	粮食	国家粮食和物资储备局	42	水利	水利部人事司
23	林业和草原	国家林业和草原局人事司	43	司法	司法部法律职业资格管理局
24	旅游	文化和旅游部科技教育司	44	体育	国家体育总局科教司
25	煤炭	中国煤炭教育协会	45	铁道	中国国家铁路集团有限公司
26	民航	中国民用航空局	46	统计	国家统计局人事司

续表

序号	行指委简称	牵头单位	序号	行指委简称	牵头单位
47	外经贸	商务部人事司	53	药品	国家药品监督管理局高级研修学院
48	卫生健康	国家卫生健康委员会科技教育司	54	邮政快递	国家邮政局
49	文化艺术	文化和旅游部科技教育司	55	有色金属	中国有色金属工业协会
50	文物保护	国家文物局	56	中医药	国家中医药管理局
51	物流	中国物流与采购联合会	57	住房和城乡建设	住房和城乡建设部人事司
52	新闻出版	中共中央宣传部出版局			

注：各行指委牵头单位是根据 2021 年组建并发布的行指委名单整理而成。

表 3-3　已建设的国家职业教育标准

分类	序号	标准类型	覆盖层次	数量/项	启动编制年份	最晚发布年份（目前使用的）
条件准入	1	学校设置标准	中、高、本	3	中：2001 高：2000 本：2021	中：2010 高：2000 本：2021
	2	专业设置管理办法	中、高、本	3	中：2010 高：2004 本：2021	中：2010 高：2015 本：2021
	3	专业目录	中高本一体化	中：361 高：748 本：273	1963	2021
教学过程	4	专业教学标准	中高本一体化	高：757	2012	2022
	5	公共基础课程标准	中、高	中：10 高：2	中：2017 高：2021	中：2020 高：2021
	6	专业基础课程教学大纲	中	9	2009	2017
	7	岗位实习标准（原顶岗实习标准）	中、高	中：24 高：125	2016	2022

分类	序号	标准类型	覆盖层次	数量/项	启动编制年份	最晚发布年份（目前使用的）
教学过程	8	实训教学条件标准（专业仪器设备装备规范）	中高本一体化	中：25 高：74 本：1	2012	2021
	9	"双师型"教师基本标准	中、高	1	2022	2022
	10	中等职业学校校长专业标准	中	1	2015	2015
	11	中等职业学校教师专业标准	中	1	2013	2013
质量评价	12	高职本科专业学士学位授予学科门类对应表	本	1	2021	2021
	13	本科层次职业学校教学工作合格评估标准	本	1	2021	2021
	14	专项评估标准	中、高	/	/	/

注：本表"覆盖层次"等列，"中"为中等职业教育；"高"为高职专科教育；"本"为职业本科教育。

3.2 职业教育考试的历史沿革

3.2.1 职业教育考试发展阶段

根据内容相关度高的原则，本书收集整理了从 1985 年以来的 21 份政策文件（见表 3-4，因篇幅所限仅列缩略表）。从政策文献所表述的核心政策点来看，以提出分类考试、综合评价、多元录取的改革目标（2010），提出加快推进高职院校分类考试（2014），提出建立职教高考制度（2019）为里程碑，职教高考改革的顶层设计路线逐渐明晰，呈现出如下特点。

表 3-4　1985 —2020 年国家层面政策出台情况

序号	发布时间	文件名称	发文机构
1	1985	关于教育体制改革的决定	中共中央
2	1993	中国教育改革和发展纲要	中共中央、国务院
…	……	……	……
18	2020	职业教育提质培优行动计划（2020—2023 年）	教育部等九部门
19	2020	深化新时代教育评价改革总体方案	中共中央、国务院
20	2021	关于推动现代职业教育高质量发展的意见	中共中央办公厅、国务院办公厅
21	2022	关于深化现代职业教育体系建设改革的意见	中共中央办公厅、国务院办公厅

（1）国家向省级放权

这是一项关键的治理手段，可以更加迅速应对需求和环境变化。1985 年首次明确高职院校的三类招生对象[①]，1993 年提出要改变统一计划招生体制[②]，后又强调从招生计划、入学考试和文凭发放方面"放权给省级人民政府"[③]，"进一步明确省级政府在招生考试政策制定上的自主权"[④]，2010 年进一步明确"高等职业教育入学考试由各省组织"[⑤]，2016 年将高职专科计划下放至各省统筹安排[⑥]，职教高考从改革推进到组织、计划各具体环节，不断由国家向省级放权。

---

① 《中共中央关于教育体制改革的决定》，1985.

② 中共中央、国务院《中国教育改革和发展纲要》，1993.

③ 《国务院批转教育部面向 21 世纪教育振兴行动计划的通知》，1999.

④ 《中共中央、国务院关于深化教育改革全面推进素质教育的决定》，1999.

⑤ 《国家中长期教育改革和发展规划纲要（2010—2020 年）》，2010.

⑥ 《教育部关于进一步规范高等教育招生计划管理工作的意见》，2016.

（2）考试群体进一步开放，规模不断扩大

1995年以来，我国出台的政策文件对职业教育考试招生规模做了明确指导。1995年提出扩大招生对象[①]，1999年提出放宽入学年龄限制，2005年明确提出扩大招生规模[②]，到2010年提出职业教育招生规模占高等教育招生规模的一半以上。2019年将招生对象扩展到退役军人、下岗失业人员、农民工和新型职业农民等群体[③]。提出招收有工作经验的学生时将其工作实绩和能力作为录取依据，面向的群体不断拓展，既有传统生源中职和普通高中毕业生，也有各类社会生源，伴随招生对象不断丰富，职业教育入口兼容性更强，更为开放。

（3）从单招试点走向分类考试，考试形式更为成熟多元

在2013年教育部提出加快推进分类招考和注册入学之前[④]，分类考试均以试点的形式出现。2002年首次明确高职可单独组织对口招生考试[⑤]，2006年[⑥]和2010年[⑦]的相关文件中，都提出鼓励部分优质高职院校开展单独招生考试改革试点，这相当于赋予了办学水平较高的高职院校一定的招生自主权。经过十余年的探索后，这一由点上突破的经验得到升华和推广，形成了分类考试这种有别于普通高考的考试形式[⑧]，"文化素质＋职业技能"评价方式是其区别于统一高考的主要特征[⑨]。此后针对不同生源，又进一步拓展了职业技能考试

[①] 《国家教育委员会关于推动职业大学改革与建设的几点意见》，1995.

[②] 《国务院关于大力发展职业教育的决定》，2005.

[③] 《国务院关于印发国家职业教育改革实施方案的通知》，2019.

[④] 《教育部关于积极推进高等职业教育考试招生制度改革的指导意见》，2013.

[⑤] 《国务院关于大力推进职业教育改革与发展的决定》，2002.

[⑥] 《教育部、财政部关于实施国家示范性高等职业院校建设计划加快高等职业教育改革与发展的意见》，2006.

[⑦] 《教育部、财政部关于进一步推进"国家示范性高等职业院校建设计划"实施工作的通知》，2010.

[⑧] 《国务院关于深化考试招生制度改革的实施意见》，2014.

[⑨] 国务院《国家教育事业发展"十三五"规划》，2017.

的方式 ①，如针对社会群体的职业技能考试以职业适应性测试的方式开展，入学途径不断丰富和完善。

（4）从扩大到深化，职教特色初步彰显

从探索自主招生到提出分类招考、注册入学的政策清单，再到提出评价方式、建立职教高考制度，改革从放权、放宽到不断深化。《职业教育提质培优行动计划（2020—2023 年）》还提出了一些具体化的要求，如春季组织高职分类考试，已录取的学生不再参加高考招生、中职学业水平考试等 ②，从发布政策进入清理政策阶段，考试的内容、方式通过不断吸收地方经验拓展升级，职业教育的特色得到初步彰显。

3.2.2　职业教育考试功能

高考在教育内部连接基础教育和高等教育，在教育外部又与经济社会密切联系，前端指挥着教育教学，后端衔接着就业市场，在影响着用人制度的同时也受其反馈，具有政治、经济、管理、文化等多重功能。

（1）社会功能

从制度供给角度看，高考依据高等教育法实施，根据法律法规进行管理，既涉及公共事务领域，也是公权力制度，还是政府提供的公共服务。按照供给主体分，国家实行教育考试制度，由教育部门建立的有普通高校统一招生考试、研究生入学考试、成人高考、自学考试四大国家教育考试；由人力资源和社会保障部门负责的有国家公务员考试及正在逐步退出的各行业执业资格考试、专业技术资格考试等；各行业协会组织的社会化考试。这些考试共同构成了国家资历框架中的"资"和"历"，对于国家人力资源开发具有重要

---

① 《教育部等六部门关于印发〈高职扩招专项工作实施方案〉的通知》，2019.
② 《教育部等九部门关于印发〈职业教育提质培优行动计划（2020—2023 年）〉的通知》，2020.

的意义。

　　教育考试制度是国家教育制度的重要组成部分，是国家意志的体现，与院校设置、专业设置、人才培养、就业等环节一起，具有解决冲突的功能（见图3-3）。考试还是国家控制教育质量、分配教育资源的重要措施，国家通过考试实现了社会流动，体现了社会公平。大规模统一教育考试还有多次分流、配置、任用各类人才的功能。如设置于教育内部的小学毕业考、中学毕业考、高中升学考，使大批中小学教育阶段的学生相应合理、有序地向高一级学校或社会用人部门流动，由于受教育者个体差异的存在，在求学历程上不可能齐步走，需要借助考试为教育对象分流取得依据。在优质教育机会相对稀缺的状况下，考试通过调整人才的垂直流动和水平流动，实现对社会人才结构优化组合的宏观控制。

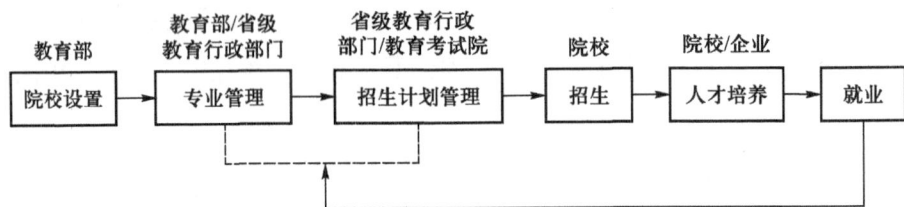

图3-3　考试招生制度环节中各责任主体功能

（2）教育评价功能

　　考试本质是围绕目标开展的通过人才评价和选拔标准，以分数或测试结果为形式呈现的对教育阶段性成果的认定和评价，并通过这一结果对教育过程进行调控。在教育内部视角下，考试还有维护教育水准等功能。

　　考试招生制度处于教育政策工具链条的核心位置，是教育体系的"中枢神经"。制度安排实质上都是围绕此展开的，这一安排的过程也符合政府确定规模、划分结构、评估绩效的常规流程。首先政府决定了总体高等教育资源的供给并决定计划投放的总量，其次由政府授权考试机构控制录取底线（最低投档控制线），最后完成考生和院校的匹配（投档）和信息传递，并且这一结果受到就业情况的反馈，对新一轮分配的各环节产生影响。

在当前行政主导的管理模式下，从院校设置、专业管理、招生计划管理、人才培养乃至就业，行政权力环环相扣。考试和招生分别由不同部门负责，具有不同的运作机制。根据阿利森的决策模型和政治决策理论，政府并不是一个单一的、整体的、遵循理性选择的独立主体，而是一个由不同部门组成的、充满了异质性的集合体①。权力不是聚集的而是分散而不连贯的，政府在决策和行为过程中充满了合作、竞争和冲突，这使得公共决策过程实质上成为不同部门之间反复博弈和协商的过程②。考试招生制度改革由于是涉及教育内部重大行政权力划分的制度改革，内部各环节协调合作程度不一，且由于统一招生模式的长期存在，多角色重叠，协同主体多，改革面临相当大的难度。

3.3　职业教育考试的现状分析

3.3.1　主要模式

2013 年，教育部《关于积极推进高等职业教育考试招生制度改革的指导意见》（简称 2013 年《指导意见》）首次对职教高考作出了制度安排，提出了六种模式。这是结合了各地实际，在政策层面首次予以明确的高职招生的六种模式。本书根据该文件和各地实施方案中的表述，并综合调研了解情况，绘制成表（见表3-5）。

---

① Allison G T.Essence of Decision.Boston：Little，Brown，1971.

② Shirk SL.The Political Logic of Economic Reform in China，Berkely ： University of California Press，1993.

表 3-5　当前职教高考的主要模式

序号	招考形式	实施者	对象	方式	备注	占当年学生人数比例
1	高考	国家统一命题、招录	高中阶段全体毕业生	以全国统一招生考试为基础,部分省份还加试技术,录取也分为统一和提前批次		35%
2	单独考试	历史上以示范、骨干校组织的校考单招为主,也有由省级教育行政部门组织的单独命题考试	高中阶段全体毕业生	招考院校自主命题,自主确定入学标准并实施招生录取。考试科目一般分为文化课考试和职业技能测试,职业技能测试方式多样。其中,普通高中毕业生一般以高中学业水平考试成绩为依据,中职毕业生由各省组织文化课考试和职业技能测试	这一概念在各地有所区别,也有省份称为对口单招、分类考试	21%
3	贯通培养	参与的各中、高职院校由省级教育行政部门同意后实施	初中毕业生	主要指中高职贯通,全国层面分为"3+2"和五年一贯制两种模式。近年来还探索形成了中高本、高本等多种形式,如浙江、江苏等地探索的"3+4""4+0"等向上延伸至本科的多种形式。全国层面近年来开展贯通培养的总体规模有不断加大的趋势,但部分地区也出现缩减这部分计划的趋势	"3+2"有转段测试,并有一定的淘汰率,合格者进入对应的下一阶段学习。五年一贯制则没有	9%

续表

序号	招考形式	实施者	对象	方式	备注	占当年学生人数比例
4	对口招生	由各省份组织，或由省级教育行政部门同意后由各高职院校具体实行	中职毕业生	中职生通过考试进入特定高职院校，只能报考限定高职院校的限定专业	也有的省份和单考单招合并，称对口单招	7%
5	综合评价	招考院校择优录取	高中阶段全体毕业生	招考院校依据考生统一高考、高中学考和综合素质评价成绩按比例形成综合成绩后录取，主要面向特殊专业		2.6%
6	技能免试		面向技能优秀的中职毕业生	可以申请直接进入高职院校学习，这类群体人数占比最小		0.03%

第一类是以高考为基础，增加技能考查。当时被称为"知识+技能"考试评价办法，是后来文件中"文化素质+职业技能"的前身。考试内容上技能科目包括考生通用技术基础、职业倾向、职业潜能等；文化素质科目包括高中学业水平考试成绩、高考科目成绩、高职入学统一考试成绩等。

第二类是单独考试，在部分省份又被称作"单招"或"分类考试"，即国家或省级示范校和现代学徒制试点学校单独组织的考试。考试内容包含文化和技能科目，录取也由学校自行确定，本质上是少量优质高职院校的提前自主招生，即对办学好、社会认可度高的学校，给予单独招生权。之所以强调在优质的职业院校中实施，是考虑到这种特殊的单独招生的政策，不能被滥用为各院校解决生源危机的手段，在发展中也有由省级教育行政部门组织实施的情形。

第三类是中高职贯通，分为五年一贯制和三二分段制，前者不需要考试可直接进入高职，后者还有转段考试。此类以艺术、体育等培养周期长的专业为主。在实践中，并不是所有专业都适合长学制培养，什么专业可以招收五年一贯制的学生，主要由该省级教育行政部门决定。

第四类是中职毕业生对口升高职，又称"对口招生"，也有的与第二种结合成为"对口单招"。但在实践中容易导致重升学轻专业倾向，很多中职学校针对升学考试确定的几门公共课或文化课，分为升学班和专业班，升学班在教学中以通过考试为主，弱化了专业课教学。

第五类是综合评价招生，主要是面对农林、水利、地矿等行业特色鲜明或工作条件艰苦的专业，根据高中阶段的水平考试和综合素质评价结果，由学校决定是否录取。这种综合评价的方式不适用于所有的专业，实际适用于虽有社会需求但招生困难的专业。

第六类是技能拔尖人才免试，即技能免试。获得全国职业院校技能大赛三等奖以上或省赛一等奖等奖项的中职应届毕业生，可由高职免试录取。

职教高考除了以上六种主要模式外，还有应对扩招需要的注册入学等方式。

前六类主要模式在 2014 年《国务院关于深化考试招生制度改革的实施意见》中得到进一步固化和发展。相关的两个文件在改革考试形式和内容方面，对高职院校分类考试的要求进一步明确，体现在几个方面：

首先，明确了高职院校与普通高校的考试招生相对分开。实行"文化素质 + 职业技能"评价方式，这一表述是对 2013 年《指导意见》的固化以及对"知识 + 技能"的升级。

其次，普通高中和中职学校毕业生的升学途径进一步得以明确。其中，对于普通高中毕业生群体，文化素质成绩使用高中学业水平考试成绩，职业技能科目需参加各省份或各校组织的职业适应性测试。对于中职学校毕业生群体，需参加文化基础考试和职业技能测试。这一政策在各地推行过程中，发展出了较多的探索路径。

2013 年《指导意见》还提出了时间表，要求各地 2015 年通过分类考试入学的学生要占到招生总数的一半左右，2017 年要成为主渠道。这一任务到 2023 年已经完成。[①]至此，高等职业教育考试招生制度对各环节和群体均作出制度安排，省级教育行政部门和高职院校的事权得以明确，国家层面的升学体系制度初步构建（见图 3-4）。

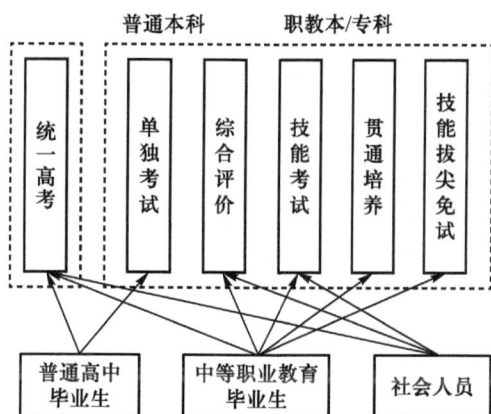

图 3-4　当前政策中不同人群升学主要渠道

随着职业教育改革发展，我国各地已经形成了不同梯度的高职分类考试改革格局。其中，通过除统一高考以外的其他方式入读群体比例较高的省份有吉林、甘肃、江西、北京、河南、宁夏、安徽、青海、河北、贵州、广西，以及新疆生产建设兵团等（见图 3-5）。

① 怀进鹏 . 国务院关于考试招生制度改革情况的报告〔R〕. 北京：第十四届全国人民代表大会常务委员会第六次会议，2023 年 10 月 21 日。

地区	普通高中生占比	中职生占比	贯通培养等其他形式占比
北京市	50%	16%	34%
天津市	69%	19%	11%
河北省	59%	14%	26%
山西省	54%	29%	17%
内蒙古自治区	54%	31%	14%
辽宁省	78%	13%	9%
吉林省	74%	5%	21%
黑龙江省	73%	5%	23%
上海市	62%	25%	13%
江苏省	56%	21%	22%
浙江省	53%	30%	17%
安徽省	62%	12%	26%
福建省	70%	17%	13%
江西省	83%	4%	14%
山东省	66%	18%	16%
河南省	63%	20%	16%
湖北省	64%	26%	10%
湖南省	77%	13%	9%
广东省	74%	15%	11%
广西壮族自治区	61%	23%	16%
海南省	63%	6%	31%
重庆市	70%	13%	17%
四川省	67%	22%	11%
贵州省	58%	17%	25%
云南省	70%	15%	16%
西藏自治区	68%	32%	0%
陕西省	82%	0.08	10%
甘肃省	47%	27%	26%
青海省	49%	26%	25%
宁夏回族自治区	50%	46%	4%
新疆维吾尔自治区	87%	5%	7%
新疆生产建设兵团	80%	16%	4%

■普通高中生占比　　■中职生占比　　■贯通培养等其他形式占比

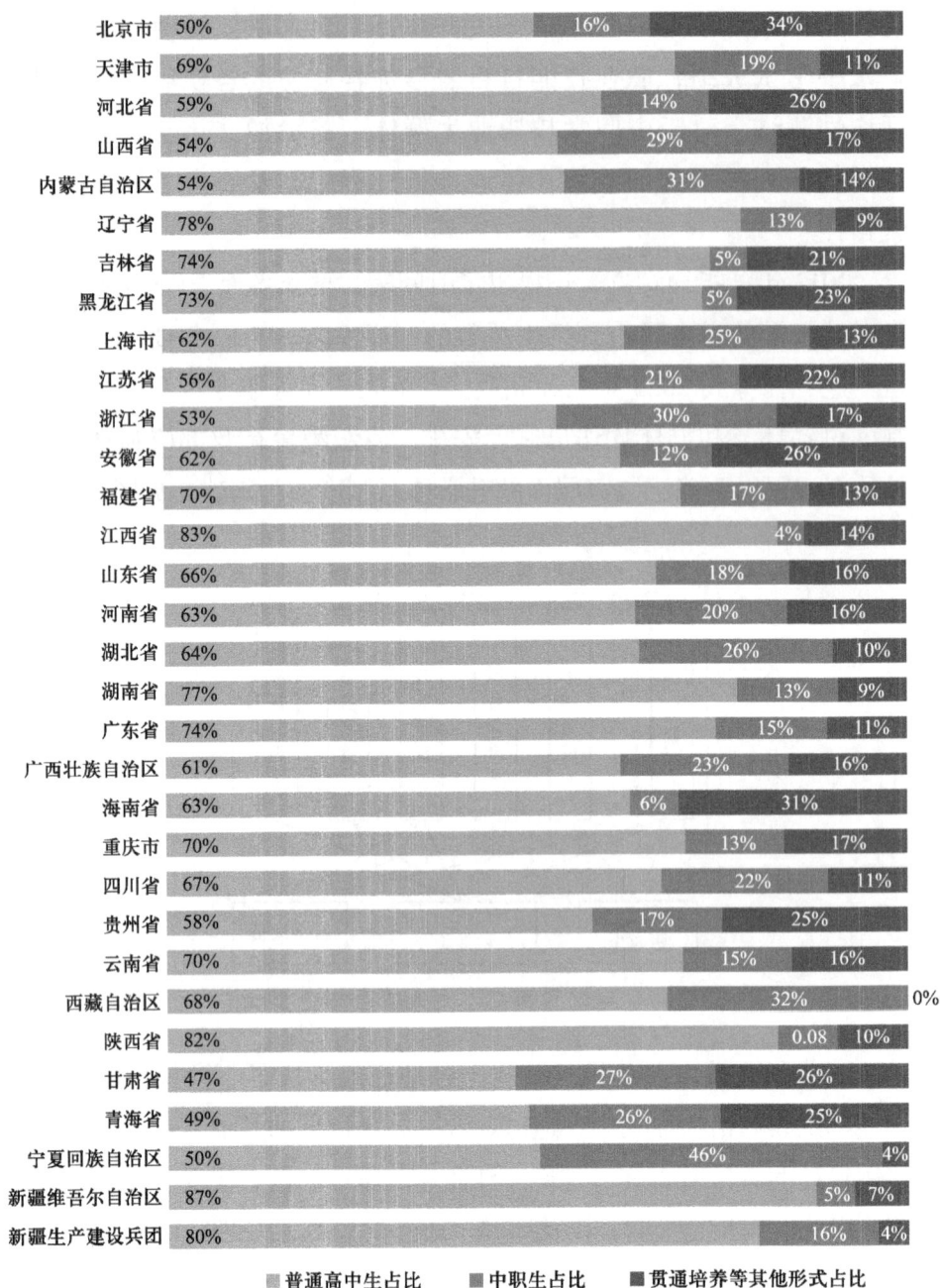

图 3-5　当前全国高等职业教育入学类型分省占比

3.3.2　实际功能

有学者总结自高考制度恢复以来，考试招生制度有录取率攀升、招考中心上移、招考类型增多、从选拔性考试向适应性考试转变、命题方式由分省命题回归全国统一命题等发展趋势[①]。

综合近 10 余年全国高考各省本科、专科录取分数线可以看出，近年高职专科的最低投档线呈现持续下降趋势，最近 5 年全国普遍在 200 分左右，相对于本科录取分数线有非常大的差距，且差距有持续拉大的趋势。由于部分省份未使用全国卷，各地评分标准也不一致，本科录取分数线有一定差异，但是专科录取分数线均远低于本科。

2010—2020 年，以 5 年为间隔，选取了 2010、2015、2020 年全国的一本、二本（部分省份为重点本科、普通本科）和专科录取分数线相关数据，形成了离散程度图（见图 3-6）。综合全国的情况来看，近几年专科录取分数线相较本科差距越来越大，这一趋势非常显著。

这和大众的一般印象是相符的，通俗地说，就是专科线越划越低。如果以分数作为衡量指标，则说明就读职业教育的生源质量总体上越来越差。高考作为一种高等教育资源的分配机制，从制度设计上，将学生和普通高校的选择权置于主体的地位，而高等职业教育一定程度在事实上形成了生源的“兜底”教育，这直接决定了“薄弱环节”的底色和成色。

据了解，近几年伴随着高考改革的步伐，有的省份已无专科批次划分，有的省份扩招后，专科批次的最低控制线越划越低，降到不足 100 分。有的省份原来专科还分为专科一段、二段，一段是办学历史较长、实力较强的公办高职院校，二段是民办和新设的高职院校，其中一段的分数线一度接近本科录取分数线，而近几年不分

[①] 张亚群. 高校统一招生考试制度 40 年发展趋势解析 [J]. 陕西师范大学学报（哲学社会科学版），2017（4）.

一二段，与本科录取分数线差距越来越大。从全国来看，高职现有专科批次录取普遍接近无门槛，少量优质高职院校招生情况较好，民办、地方高职院校普遍面临招生困难、报到率低的问题。从考试功能上看，专科批次招生已经不再具有区分和选拔的意义。

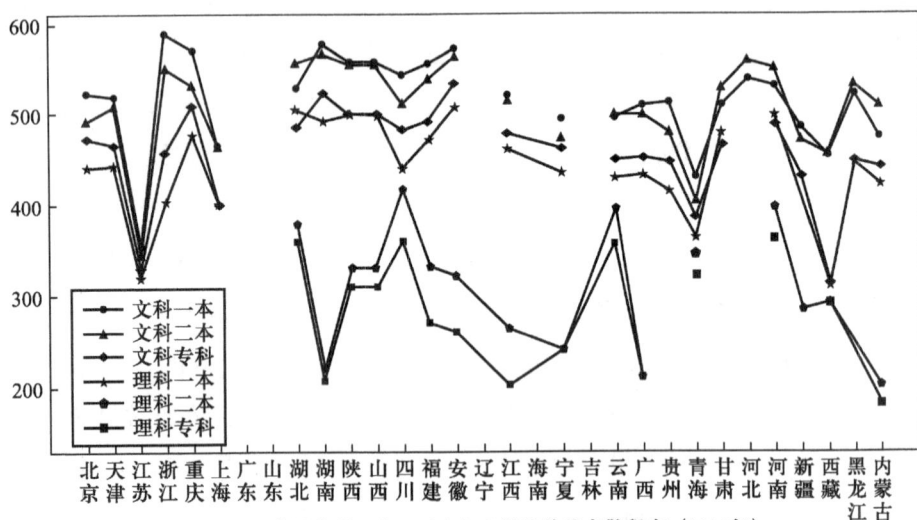

(1) 全国高考一本、二本和专科分数线离散程度（2010年）

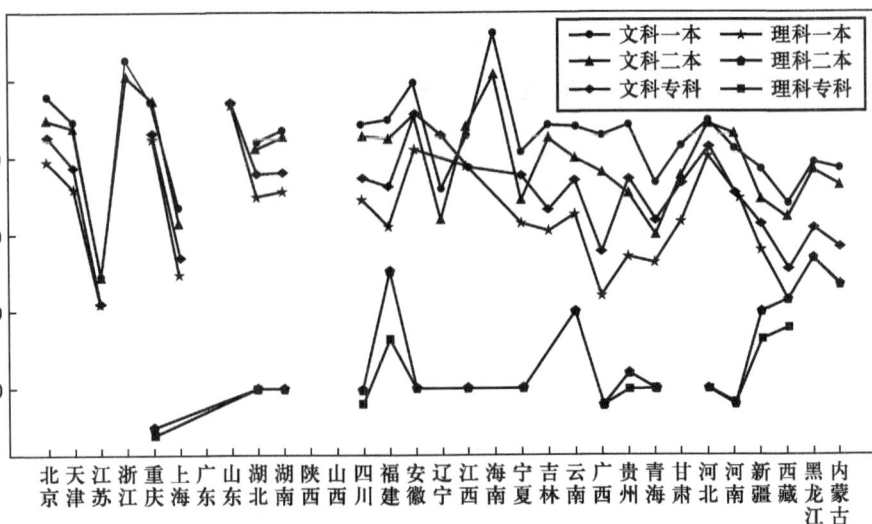

(2) 全国高考一本、二本和专科分数线离散程度（2015年）

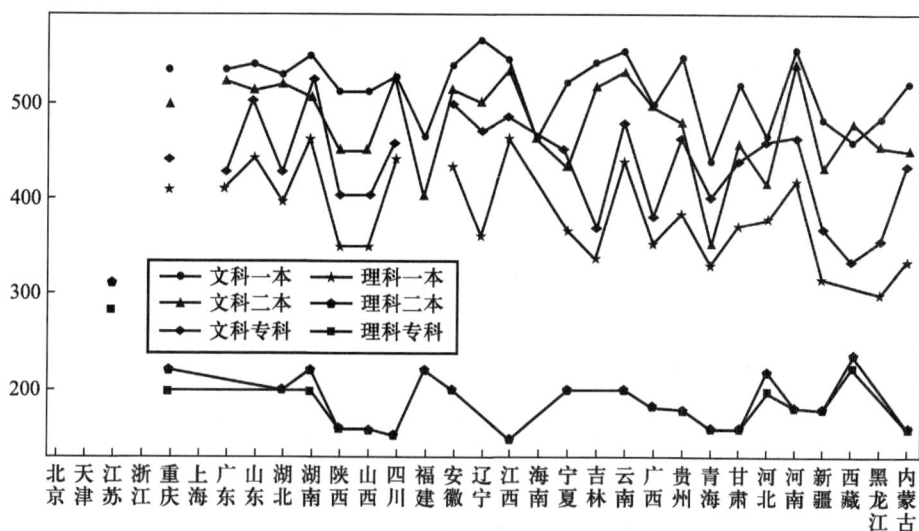

(3) 全国高考一本、二本和专科分数线离散程度(2020年)

图 3-6　近十余年高考的本专科分数线离散程度

3.4　主要问题

3.4.1　教育治理主体参与不足

各主体参与不足，有效技能评价制度尚未建立。长期以来，我国高校考试招生都是采用统一考试、志愿填报、分省投档的方式，高校组织学生报考，用人单位招录用人（见表 3-6）。这种方式下，教育行政部门、高校、考试机构职责分工不明确：教育行政部门担负管理全责，工作风险较高；各级招生部门权力过大，高校招生自主权无法有效落实；中学、考生和社会被动"围观"，整体参与度不高。各利益相关主体对制度的依赖惯性大。

表 3-6　教育治理中的职教高考各主体当前参与情况

	事前	事中	事后
政府	编制计划		
高校		组织考试	

续表

	事前	事中	事后
学生		报名，参考	
行业企业			
其他			招录、用人

3.4.2 考试政策供给缺失

考试不具备选拔功能，政策供给缺失。从功能类型上，考试可分为合格性考试和选拔性考试[①]。从各地实践来看，优质教育资源多、学生数量少、竞争相对不激烈的省份，在考试实际功能上更偏向合格性考试。反之，优质教育资源少、学生数量多、竞争相对激烈的省份，在考试实际功能上更偏向选拔性考试。同时，实际功能偏向合格性考试的，高职分类考试的形式较多、规模较大，院校对生源挑选余地小、单独招生比重大。反之，实际功能越是偏向选拔性考试的，则分类形式相对较少、规模较小，院校对生源挑选余地大、单独招生比重小（见图 3-7）。

3.4.3 职教特点未能体现

我国用人制度存在"重学历，轻能力"和人才评价制度存在"重知识、轻技能"的现象，是不利于技术技能人才成长和发展的，制度环境是制约职业教育地位的主要因素。与社会上相关评价类似，在教育系统内部的教育评价制度也存在着相应的歧视和缺失，尤其是对技术技能人才的评价方式亟待进一步完善。如当前文件中将文化素质加试部分技能内容作为高职学校招生的依据，在实际操作上，

[①] 合格性考试是为了检查学生学习程度是否达到既定的教学目标，只要达到预定的检测目标，就可以全部通过，没有名额限制，不太注重区分度，对分数离散程度没有要求。而选拔性考试则正好相反，考试目的是在考生群体中进行一定数量的选拔，一般有名额限制，并且为便于进行鉴别和选拔，注重区分度，分数离散程度大。

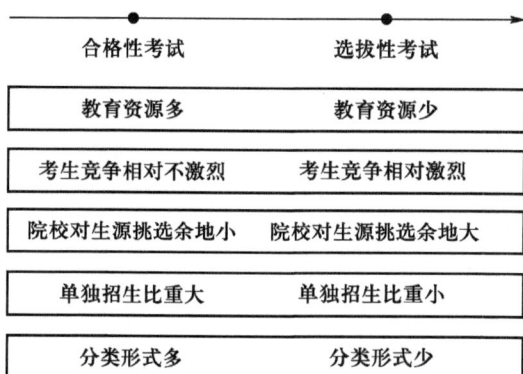

图 3-7　考试功能与类型

加试技能并不具有选拔性，具有区分度的还是数学、英语等文化科目。在文化技能的评价矩阵中，具有高文化、低技能的分布倾向。

综上，我国职业教育考试招生制度目前存在的问题具体表现为考试制度不能体现职业教育特点、招生制度未能凸显职业教育功能地位。职业教育是类型教育，考试招生制度作为其中的关键环节，应逐步形成与职业教育被赋予的地位、使命相称的制度。职教高考应建立自己单独的考试招生制度，以适应类型教育的人才培养目标，使其承担的重要历史使命能够得到资源和制度支持。

第 4 章

基于招生政策的地方
实践研究

4.1 元政策

制度从广义而言包含了政策群，规定了组织方式、行为安排和资源配置，从政策实施角度看，又包含元政策和各地据此实施的具体政策[①]。

《国家中长期教育改革和发展规划纲要（2010—2020 年）》提出推进考试招生制度改革，逐步实施高等学校分类入学考试，这是分类考试招生第一次在正式文件中出现，是高等职业教育考试招生开始独立于统一高考的重要标志。此后国家出台了一系列关于职教高考的政策文件，国家政策不断吸收各地的探索经验，入学途径方式逐步丰富完善，同时，各省份出台的实施细则也对国家政策进行重申和细化。一些核心政策共引程度较高，成为重要的元政策，可按照利益相关方和环节的不同简述如下。

（1）学生。扩大中职毕业生入学比例（2002）。扩大高职院校招生规模（2005）。针对中职毕业生、退役军人、下岗失业人员、农民工和新型职业农民、技能拔尖人才等不同对象采取不同的考试录取方式（2019）。

（2）省级政府。高等职业教育入学考试由各省份组织（2010）。明确以省级政府为主统筹管理组织高等职业教育考试招生制度改革（2013）。高职（专科）计划和成人高等教育计划由各省份统筹安排（2016）。

（3）考试。探索高职自主考试、自主录取（2010）。加快推进分类招考或注册入学（2013）。加快推进高职院校分类考试（2014）。推进高职院校分类考试，突出"文化素质＋职业技能"评价方式（2017）。高等职业学校招收有工作经验的学生，应当将工作实绩和

---

① 公共政策分为元政策、基本政策和具体政策。元政策是政策体系中具有统率性质的政策，是其他各项政策的出发点和依据，对其他各项政策具有指导和规范的作用。

能力作为重要的录取依据（2017）。建立职教高考制度（2019）。每年春季省级教育行政部门统一组织开展以高职学校招生为主的分类考试（2020）。

（4）招生（录取）。鼓励国家示范校开展单独招生改革试点（2006）。支持国家骨干校开展单独招生试点（2010）。改进招生计划分配方式（2014）。通过分类考试录取的学生不再参加普通高考（2020）。

纵观国家出台的相关元政策，基本实现了兼顾科学选拔与促进公平，发展方向明晰，政策导向鲜明，改革步伐不断加快。

4.2　各地政策扩散情况

政策出台并非一个线性的过程，而是不断反馈并逐渐修正的过程。国家元政策吸收地方经验，省级层面也在元政策基础上结合省情具体实施。可以看出，国家层面相关政策文件出台后，在政策扩散过程中，各省份落实改革要求，围绕政策导向不断强化，针对关键政策点不断丰富和细化，产生了很多有价值的创新探索。从文件印发的时间上看，各地政策扩散可分为三阶段，分别对应改革的三个梯次：第一批上海、浙江于 2014 年出台文件，第三批辽宁、江苏、湖南、湖北、广东、重庆于 2019 年出台文件，其他省份于 2015—2016 年出台文件，属于第二批次（见图 4-1）。

4.2.1　扩散阶段

伴随着职业教育改革发展和高考综合改革的持续推进，各省份作为改革的主要推进方，在深化考试招生制度改革实施方案等文件中首次对当地的职教高考内容、形式、组织等进行了制度安排。从职教高考的发展历程来看，整体可以划分为三个阶段：2013 年以前为探索期，2013—2016 年为改革期，2017—2020 年为逐步完善期。

2012　2013　2014　2015　2016　2017　2018　2019　2020 /年份

教育部
北京
天津
河北
山西
内蒙古
辽宁
吉林
黑龙江
上海
江苏
浙江
安徽
福建
江西
山东
河南
湖北
湖南
广东
广西
海南
重庆
四川
贵州
云南
西藏
陕西
甘肃
青海
宁夏
新疆
新疆生产建设兵团

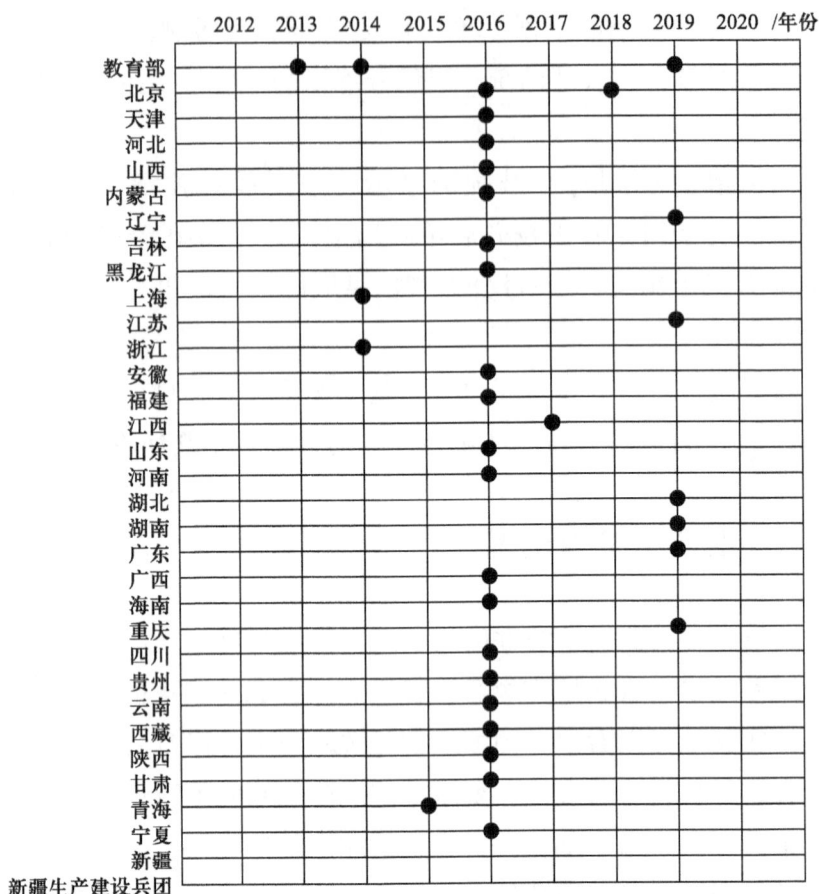

图4-1　教育部及各地出台深化考试制度改革政策时间情况

（1）2013年以前的探索阶段：依附于高考，探索偶发，以试点为主

职业教育仍是我国教育事业的薄弱环节，由于长期以来招生主要依附于普通高考，没有独立性，虽各地偶有探索，但仍未能作出制度安排，主要表现为对口单招等形式。如2007年教育部曾允许部分示范性高职院校开展单独招生试点，江苏、福建等省份迈出步伐较大，不需要通过统一考试；河南从2008年起在中职学校推行免试注册入学，2010年开始探索建立高职院校注册入学制度。但在局部范围开展的考试招生方式的突破尝试，未能从根本上改变普通高考作为主要考试招生方式的局面，长期以来形成的高职院校在招生录取时作为普通高校下一层次进行招生的局面没有改变，招收的分数线较低使得高职招生处于低位，未能建立与职业教育发展匹配的考试招生制度。

（2）2013—2016 年的改革阶段：分类考试正式启动，褒贬不一

随着职业教育体系的逐步建立和完善，国家文件明确提出对于职业教育实行分类考试，强调在报考时间、考试内容、招生录取等方面独立进行，为职教高考提供了政策保障。在应对生源危机和考试内容太过理论化等方面作出了有针对性的制度安排。

《国务院关于深化考试招生制度改革实施意见》提出高职院校实行"文化素质 + 职业技能"的评价方式，要求高等职业教育分类考试招生要与普通高校考试招生相对分开。这标志着高职院校分类考试招生改革正式启动，具有里程碑意义。

山东等地开始实施春季高考，从理论和实践上逐步脱离普通高考而自成体系，高职院校在考试招生改革方面取得了更大的自主权。2019 年《国家职业教育改革实施方案》出台后，配合职教高地建设，各地仍在不断细化和丰富完善招考制度，福建等省份还出台了关于分类考试招生改革实施的具体办法。但同时，相较于前一阶段，高职招生开始出现了冷热不均的现象。部分民办高职院校的新生报到率偏低，有的高职院校为了完成招生计划，采取单招等自主招生形式，无底线降低录取门槛，背离了政策设计的初衷。

（3）2017—2020 年逐步完善阶段：体系初步建立，主要集中在考试科目的调整，技能测试仍被忽视，没有录取制度上的突破

2019 年以来，高职院校提高招收中职生比例，提升专业技能测试比重，引入高中学业水平考试，考试科学性逐步提高。为应对扩招任务下生源范围的扩大，针对三类群体对技能测试进行改革。各项制度的出台鼓励各地作出尝试探索，包括尝试在春季高考中安排本科计划、扩大技能拔尖者的升学渠道，对中职学业水平考试作出统一安排、英语考试引入社会化的全国英语等级考试（PETS）等。调研显示，2019 年高职院校录取的新生中中职毕业生占比达 45%。

虽然实施了分类考试，但对于通过文化素质和职业适应性测试或职业技能测试入学的普通高中和中职毕业生来说，技能考核的作用较弱，往往被忽略或作为次要依据①。职业适应性测试结果暂不设分值，仅有通过和不通过，作为录取的参考依据。

4.2.2　政策变迁路径

对各地文件进行进一步研究发现，有的地方出台了进一步的实施细则，对于考试的科目、内容、组织、适用群体等，作出了更详尽的规范，亮点纷呈。

如进一步明确了"考何人"，针对应考主体特征，对中职和普通高中毕业生分别做出了具体的安排；明确了"考什么"，对考试的要素及标准进一步明确，确定了文化和技能的考查要素，并对春季高考和夏季高考作出了制度性的区别；明确了"如何考"，并确定了考试的方式、程序和手段，明确组织方有省有校，同时考虑成本投入大小和考试目标的预期实现，运行更为顺畅。有的省份开始引入社会化考试，另外在招生计划分配的方式上有了点的突破。

可以说，分类是与统一相对而言的。高考是统一的，统一命题、统一考试，分类考试则是群体分类、单独命题、自主测试。对于高职分类考试而言，不仅是对象分类，也是考试方式分类。对于普通高中生来说，分类考试考的是学业水平 + 技能测试，学业水平由学业水平考试并结合综合素质评价组成；技能测试一般由学校组织，内容包括通用技术基础、职业倾向、职业潜能等。对于中职生来说

---

① 如有的省份在入学考试招生录取办法中规定，高中生投档分＝文考总分＋固定加分；中职生（音乐、美术类除外）投档分＝"文考总分＋固定加分"×70%＋技能测试成绩总分×30%。

（部分地方又称三校生，包含技工学校学生等），考的是文化基础＋职业技能，文化基础一般为公共基础课考试，部分地区也推行了学业水平考试；职业技能测试考查的是专业技能学习能力。在多数地区，分类考试内容及组织者见表 4-1。

表 4-1　各地分类考试内容及组织者

人群范围	考试内容 1 （知识）	组织者	考试内容 2 （技能）	组织者
普通高中生	学业水平	省级教育 行政部门	技能测试	学校
中职生	文化基础	省级教育行政部 门 / 地市 / 学校	职业技能	学校

分类考试设计的初衷是体现职业教育特点，但是在实践中出现了偏差。据统计，50% 以上的普通高中生就读高职学校，并不是通过考试内容 1 和 2 选拔入学的，而是因为没有考上普通本科高校。这样，技能测试丧失了选拔功能，偏离了政策设计的初衷。

4.3　部分省份改革经验

4.3.1　江苏

（1）对口升学

中职毕业生可以报考江苏省内高职院校，也可以通过对口升学统一考试报考部分应用型本科院校；未参加对口升学统一考试的，还可凭中职学业水平考试成绩参加高职院校录取。

（2）贯通培养

开展了多种形式的贯通培养项目，如中高职"3+3"分段培养，高职本科"3+2"分段培养，中职普通本科"3+4"分段培养，五年制高职、普通本科"5+2"分段培养，高职、普通本科联合培养等，参与以上培养项目的中高职学校和普通本科院校达到 80 多所。省教育厅对于入学条件、转段要求、证书发放等方面作出了更为明确的政策要求。同时，改革完善对口单招政策，建立了中职毕业生注册进入高职院校继续学习的相关制度。

4.3.2 山东

（1）春季高考

山东自 2012 年开始实施春季高考，考试时间为每年 5 月的第二个周六、周日。考试科目分为"知识" + "技能"，知识部分考语文、数学、英语和专业知识，全省统一命题、统一考试、统一评卷。技能部分考核考生的专业基本技能，由主考校报省教育招生考试院同意后组织。由省教育招生考试院或委托相关机构组织专家统一制订各科考试大纲（或考试说明、考核标准），并据此组建题库并制定相应的评分标准。

这一探索取得了良好的效果。春季高考重点面向中职生，同时面向普通高中生，为高职院校和应用型本科院校招生。这种模式是对 2011 年以前开展的高职院校对口招生模式改革完善的成果，特别是在春季高考中安排了少量本科招生计划，学生可以在部分应用型本科院校和技术技能含金量高的专业接受本科层次培养，得到了社会各界的广泛认可，主要体现为报名人数和招生计划的增加。用少量本科计划为本科院校转型发展"破冰"，为职业院校学生提供更多升学机会，促进了地方本科院校人才培养观念的转变。配合本科院校分类改革，使一些本科院校的专业成为事实上的职业教育本科专业，优化了教育结构和生态，丰富、扩大了应用型人才培养途径，让教育制度更具活力。

（2）开展面向中职的对口招生

试点的本科院校以应用特色突出的院校为主，试点的职业院校以整体办学质量高的院校为主，制定对口贯通分段培养试点专业目录，有选择地在确有需要、又有能力而且适合贯通培养的少数应用型专业进行试点，取得了很好的成效，破解了长期以来"职业院校只能招收低分生"的难题，在制度层面上影响了学生的志愿选择，由此带来的是一批综合素质较高的学生进入职业院校学习技能。中职与本科对口贯通分段培养录取线普遍超过普通高中录取线，使职业教育的生源素质和结构发生了较大变化。

（3）注册入学

公布春季和夏季高考的缺额计划，再次进行志愿征集。参加春季高考、夏季高考未被录取的考生都可以申请。该类入学方式在填报志愿时采取的是按专业类平行志愿模式，考生可以填报多个志愿，院校审核后录取。

4.3.3　福建

福建省统一组织了中职学业水平考试，同时，在技能测试方面，2018 年，福建省组织专家编写了《2018 年福建省高等职业教育入学考试职业技能测试考试大纲》，覆盖电子与信息等 10 个专业大类，提高了考试科学性，取得了良好的效果。技能测试和职业适应性测试均由全省统一组织，其中技能测试由高职院校联合具体实施，测试时间为每年 3 月。《福建省高职院校分类考试招生改革实施办法》对中职毕业生、普通高中毕业生和其他人员考试内容分别作出相应规定。

4.3.4　广西

广西壮族自治区曾做过本科与专科招生分开考试的探索，即本科与专科招生分别考试，本科使用教育部考试中心的试卷，为全国统考；专科由广西自主命题，采用"3+X"课程模式，对于"X"，本科招生选 2 门，专科招生选 1 门。

其改革的初衷是解决一套试卷通用不能满足水平悬殊的不同学校选拔不同考生的要求的问题，特别是专科不能根据自身培养目标的要求选拔合适的考生，只能录取本科淘汰的考生，影响自身的培养目标达成的问题。这一初衷应该说是非常切中问题要害的。往年高考只分文理两类，本专科"一条龙"录取，形成两大"金字塔"，使得竞争越来越激烈。本专科分考的改革，使得广西分为本科12组和专科7组的小"金字塔"，从考试制度上，分散了过于集中的竞争。

由高等学校提出各专业考试科目，学生据此参考，选考的科目越多，可报考的志愿也越多。这属于一种在统一组织考试框架下，由学校单独录取的尝试，既不同于过去的统一招生，也不是学校单独招生，而是两者的结合，在统考的框架下为各高等学校招生提供可能，开创了统考的新阶段。但由于录取体制的改革落后于考试科目的改革，省级招生机构统一录取时出现了困难，使得改革未能取得预期的效果。

2023年，广西发布了普通高等教育专升本考试招生工作实施办法，按照专业大类统一实施专业基础课考试，相关探索在持续改进中。

4.3.5 广东

教育部曾于2001年批准了四年制高职试点，先后有广东、辽宁、河北、天津、浙江、江苏、四川、贵州、新疆、内蒙古、广西、湖北、湖南13个省（自治区、直辖市）的高职院校进行了本科层次试点探索。

深圳职业技术学院（深职院）率先对依托高职和本科院校开展本科层次试点进行了探索。围绕深圳市支柱产业，深职院自2012年起与深圳大学开展联合培养，在电子信息工程、机械设计制造等4个专业开展四年制本科试点。录取以高考分数为依据，要求达到第二批本科分数线，培养在深职院进行，毕业时获得深职院四年制高职证书。2017年起，又对这种办学模式进行了改进，为提高人才培养质量增加了转段考试。同时为了增强在就业市场的吸引力，由深圳市人力资源和社会保障局发文，提出在职称评定、报考公务员时四年制高职学历享受与普通本科学历相同待遇。之后，根据前期试点效果和深圳市产业经济升级发展需要，将专业进一步聚焦，仅在信息工程技术、机械设计与制造、建筑智能化工程技术 3 个专业中继续开展试点。在试点过程中增加了转段考试，未通过但达到毕业要求的可颁发三年制专科毕业证，通过者再学习一年，颁发四年制高职毕业证。

这种高职本科的贯通培养模式其实是已有的中高职贯通培养模式的层次跃迁，从对学生调研的情况来看，产生了很好的效果，学生的专业技能、创新能力和综合素质普遍优于同专业的三年制学生，毕业生普遍表现出了良好的适应社会及岗位需求的能力和持续发展的能力。一些毕业生在就业单位脱颖而出，成为技术骨干，平均薪酬高于三年制毕业生 25% 以上，迅速得到用人企业和社会的认可。可以说，这一模式推动了人才培养从专业技能的"合格培养"向"精英培养"转变。

但这种模式也存在问题。首先，对于转段考试通过的学生来说，虽然有四年制高职毕业证，但由于没有本科学位，其在就业时仍被上市公司等大型企业排除在外，即使有文件规定四年制高职学历毕业生享受本科学历毕业生待遇，但绝大多数用人单位仍然按大专学历毕业生对待，在岗位安排和各种待遇上与本科学历毕业生有明显差别。其次，办学地点的不同使学生产生了身份认同的疑惑。普通本科院校办学理念与高职院校存在差距，高职院校坚持实践导向的项目化教学，普通本科院校依然强调理论素养的重要性，双方意见难以统一。由于高职院校与本科院校对接的愿望更加强烈，本科院校在对接过程中一直处于优势地位，高职学生实际上还是按照学科型教育的方式参加本科院校的考试，教学内容脱节，学生在考试中处于劣势，没有达到职业教育层次提升的目的，这些问题在"专升本"考试中进一步凸显。

4.4 小结

在国家层面，考试招生制度政策演进受到维护公平和科学选才的双重影响，相关元政策体现出考试规模逐渐扩大、群体进一步开放，中央向地方放权、省级政府和高职院校的自主权不断加强，考试形式从单一走向多元，入学途径不断丰富完善等特点。各地分为三个批次纷纷跟进，经历了从 2013 年以前探索期，到 2013—2016 年改革期，再到 2017—2020 年逐步完善期，亮点纷呈。而在省级层面，政策扩散呈现跟从特征，创新动力不强，政策工具尚不丰富，关键问题在于职业技能评价制度体系尚未建立。针对这一关键制度的改革，国家层面需要改革现行的制度，提炼各地改革亮点，形成政策菜单，充分发挥和调动各省份积极性，提升教育领域招生考试治理能力水平。

第 5 章

基于中高职贯通人才培养的职教高考实践

作为现代职业教育体系的重要组成部分，中高职贯通人才培养已经逐渐成为中职生升学的重要渠道、高素质技术技能人才培养的特色制度设计、完善现代职业教育体系的关键突破口。十多年来，中高职贯通在各地广泛实施，在人才培养上取得了许多瞩目的成果，也衍生出不少亟待解决的问题。其中，职教高考作为中高职贯通培养过程中转段环节的关键内容，受到广泛关注。本章通过理论研究和实践研究，在梳理中高职贯通项目实施的基础上，探讨在职业教育长学制技术技能人才培养过程中的实践成效与问题，为下一步中高职贯通科学有序地实施提供相关政策建议。

5.1 中高职贯通培养政策的演进特征

5.1.1 从"选择"成为"主流"

构建一个从中职到专科再到本科的纵向贯通职业教育体系，是自 1985 年《中共中央关于教育体制改革的决定》（以下简称"1985年《决定》"）以来中央发展职业教育一以贯之的核心思想和工作目标。而这一目标的实现，首先依靠各层次"知道怎么办"，其次主要依靠中职、高职专科和职业本科在学制上的贯通和衔接，"知道怎么通"。因此，探索中高职间的贯通和衔接培养始终是改革开放以来职业教育改革的重要内容。受上个世纪末高校扩招和升格潮的影响，依托中高职贯通提升中职生的升学率出现在 20 世纪末和 21 世纪初不少关于职业教育发展的文件之中，如 1999 年《中共中央国务院关于深化教育改革全面推进素质教育的决定》、2002 年《国务院关于大力推进职业教育改革与发展的决定》、2014 年《现代职业教育体系建设规划（2014—2020 年）》等。然而受彼时我国经济发展模式和产业结构的影响，中等职业教育仍主要秉持"就业导向"的发展理念，升学未成为中职毕业生的主要选择。

中高职贯通成为主流的关键政策节点，在于国家对中等职业教育在现代职业教育体系中基础性地位的定位。2014 年《国务院关于加快发展现代职业教育的决定》明确提出要"发挥中等职业教育在发展现代职业教育中的基础性作用";2019 年《国家职业教育改革实施方案》则提出"把发展中等职业教育作为普及高中阶段教育和建设中国特色职业教育体系的重要基础";2021 年中共中央办公厅、国务院办公厅印发的《关于推动现代职业教育高质量发展的意见》进一步强调"中等职业教育注重为高等职业教育输送具有扎实技术技能基础和合格文化基础的生源"。在这些政策的导向下,各地均以不同方式加快本地中高职贯通项目的设计和实施,并制定与之相匹配的招生、培养和考试方案,最终形成了中职生从"升学选择"到"升学主流"的转变。

5.1.2　从关注组织贯通到关注要素贯通

初期的中高职贯通在政策层面更注重组织层面的贯通,主要体现在招生贯通和组织联合两个方面:①在招生贯通上,重在规范中高职贯通项目的招生条件、学分认定等,例如 1999 年的《中共中央 国务院关于深化教育改革 全面推进素质教育的决定》提出"职业技术学院(或职业学院)可采取多种方式招收普通高中毕业生和中等职业学校毕业生";2007 年的《教育部关于进一步做好高等学校各类招生管理工作的通知》对五年制高职和其他类型贯通项目招生做了严格规定;2014 年的《国务院关于加快发展现代职业教育的决定》提出"建立学分积累与转换制度,推进学习成果互认衔接"。②在组织联合上,重点规范当时出现的"五年制高职"这一新型办学形式。初中后五年制高等职业教育是组织贯通的典型探索,中央层面对五年制高职长期坚持"适度发展"和"规范发展"的方针。

对要素贯通的重视,始于 2011 年发布的《教育部关于推进中等和高等职业教育协调发展的指导意见》,该文件从专业选择、课程、教材、教学等多个方面,较为系统全面地提出了中高职衔接人才培养的实施意见。而后，在 2015 年发布的《教育部关于深化职业教育教学改革　全面提高人才培养质量的若干意见》等文件中进一步强调了中高职在人才培养要素层面贯通的要求。2021 年中办、国办《关于推动现代职业教育高质量发展的意见》提出了"一体化"的概念，强调要"一体化设计职业教育人才培养体系，推动各层次职业教育专业设置、培养目标、课程体系、培养方案衔接，支持在培养周期长、技能要求高的专业领域实施长学制培养"。

5.1.3　政策层面未显著区分

已有政策并未对贯通和衔接做明确区分，政策层面使用"衔接"的场景和次数较多，也存在诸如《教育部关于深化职业教育教学改革　全面提高人才培养质量的若干意见》等文件中将"贯通衔接"联合使用的情况。但细究文字表述可以发现，已有政策对贯通培养有较为明确的规定，即中高职贯通培养一般只针对有长学制连续培养需要的专业，如《教育部关于深化职业教育教学改革 全面提高人才培养质量的若干意见》中提到的"培养要求年龄小、培养周期长、复合性教学内容多"、《职业教育提质培优行动计划（2020—2023 年）》提到的"始读年龄小、培养周期长、技能要求高"、《教育部办公厅关于进一步完善高职院校分类考试工作的通知》提到的"学前教育、护理、家政、养老、健康服务、先进制造业、现代服务业"等专业、《教育部关于积极推进高等职业教育考试招生制度改革的指导意见》中提到的"艺术、体育、护理、学前教育以及技术含量高、培养周期长的专业"。学制一般为 5 年，采用五年一贯制或"3+2"分段形式培养。

5.2　中高职贯通培养规模的调研和趋势分析

为更翔实地掌握各地中高职贯通的培养规模，在面向全国开展调研访谈，汇集吉林、上海、浙江、福建、河南、湖北、广西、海南、贵州、甘肃等十多个省份的数据和报告的基础上，对数据和资料进行了分析。

5.2.1　贯通和衔接规模稳中有升

近三年来，大部分省份的中高职贯通和中本衔接项目总体上呈现稳定上升的趋势。一是开展中高职贯通和中高衔接的学校数量大致稳定，部分省份小幅下降，如吉林省等，也有一部分省份小幅上升，如广东省、浙江省等。二是中高职贯通项目和中高衔接项目数量在各省份占比不一，如内蒙古、黑龙江、福建等省份主要以贯通形式为主，江西、山东、海南、四川等省份主要以衔接形式为主。三是中高职贯通专业点数近三年稳中有升（见表 5-1），但受到省级政策影响，占中职总专业点数在各省份占比差距较大，湖北省仅占 0.55%，而吉林省则在 2022 年达到了 88.19%。四是相较于"3+2"贯通形式，五年一贯制的专业点数量占比更高，如江苏、浙江、湖北、广东 4 省份占比达到 100%。专业点数量分布则和招生数分布占比基本一致。五是中高衔接专业点数急增后稳定，规模占比中职专业点总数基本在 50% 以下，且大部分在 30% 以下；占高职专业点总数基本在 20% 以下，只有甘肃、安徽、海南和吉林等省份超过 40%。

表 5-1　近三年中高职贯通和衔接专业点数与招生数

年份	中高职贯通专业点数（个）	中高职贯通招生总数（人）	中高衔接专业点数（个）	中高衔接招生总数（人）
2020	7 761	400 264	8 429	398 565
2021	8 057	413 451	9 754	470 546
2022	8 494	405 435	9 706	508 385

5.2.2　中职生的主要去向

绝大部分省份，近三年选择升学的中职生在数量上稳步提升（见图 5-1）。从 2022 年数据来看，内蒙古、江苏、上海、山东、重庆、甘肃、福建 7 个省份中职生升学比例超过 70%。在所调查的省份中，海南省中职生升学比例最低（29.1%）。在各省份升学中职生中，进入高职专科学习的学生占主体，各省份占比均在 90% 以上，其次分别为普通本科和职业本科。河北省中职生进入职业本科和普通本科比例接近，重庆市职业本科招收中职生比例超过普通本科。

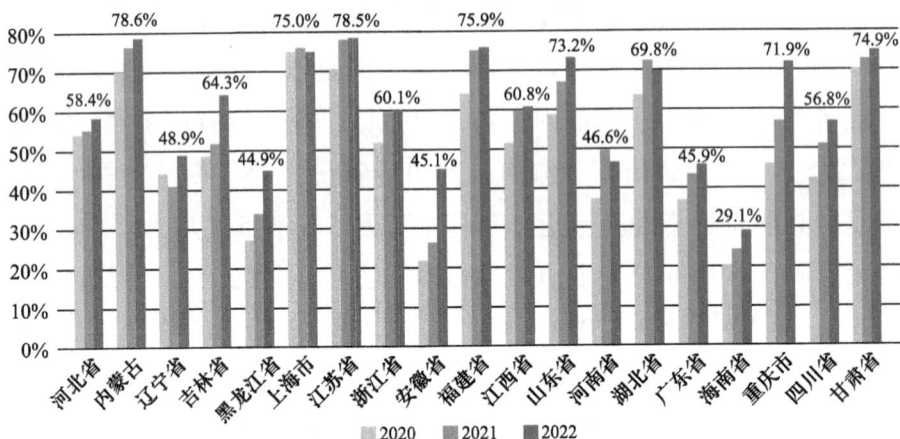

注：图中标示的详细数据为 2022 年数据。

图 5-1 近三年各省份中职生升学占比情况

5.2.3 高等教育招生的最主要生源

除辽宁、吉林、黑龙江、上海四省份外，当前各省高职专科招生数量占高等教育招生总数比重超过了 50%，显示高等职业教育已经占据高等教育的半壁江山（见图 5-2）。但从各省份高职院校招生情况看，三校生（中等职业学校、职业高中、技校）并未成为高等职业院校招生的最主要生源。黑龙江、吉林、辽宁、河北、江西、河南、海南等省份高职院校 2022 年三校生招生比重均在 40% 以下，而普高生比重则均在 50% 以上。近三年来，三校生在高职院校招生比重中有所提升。各省份本科院校招收中职生数量占总招生数比重不等，但绝大多数在 3% 以内，整体呈现上升的趋势。

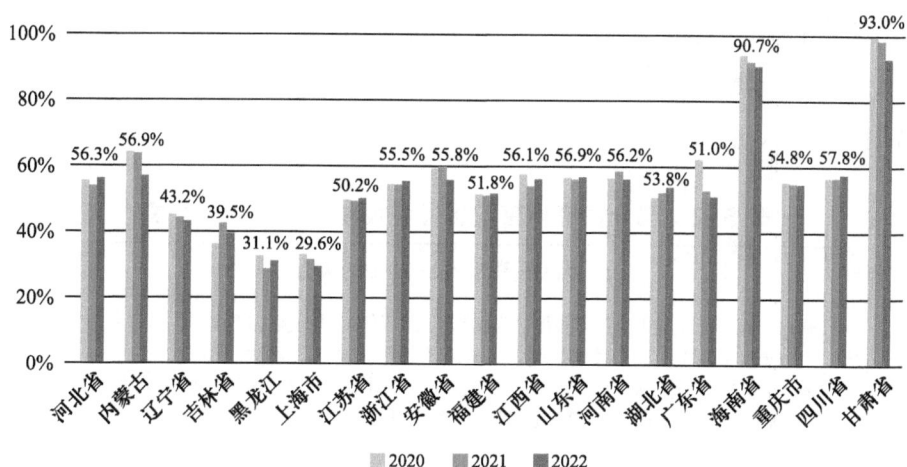

注：图中标示的详细数据为 2022 年数据。

图 5-2　近三年高职专科招生占高等教育招生比重情况

5.3　中高职贯通办学模式现状梳理

5.3.1　五年一贯制和"3+2"贯通

目前各省份中高职贯通的模式主要以"3+2"贯通和五年一贯制两种模式为主。一些省份的中高职贯通均为"3+2"贯通或五年一贯制，少部分省份（如贵州省）设置了"3+3"贯通制。浙江省从 2019 年开始，将原有"3+2"和五年一贯制两种模式统一整合为中高职一体化五年制职业教育培养模式。

5.3.2　学校和专业遴选要求

大部分省份均在中高职贯通项目的实施中设置了学校和专业的遴选要求（见表 5-2）。其中，对学校的遴选标准重在学校的整体办学质量，主要以学校是否为重点校、示范校等为参照；对专业的遴选标准重在三个标准：一是专业是否体现本省份经济社会发展的战略目标和需求；二是专业是否是学校的重点、特色、主干专业，是否拥有良好的办学基础；三是专业对应岗位人才需求是否有需要，如专业性向要求坚定、理论基础要求扎实、培养周期长、技能训练需提前介入等。

表5-2　部分省份中高职贯通学校和专业的遴选要求

省份	中高职贯通学校和专业的遴选要求
浙江	● 合作的中职学校须为等级中职学校（含省级以上重点技工学校）或非等级学校的名专业（品牌、优势特色）、示范（骨干、特色、新兴）专业 ● 中职试点专业优先支持市场需求量大、专业性向要求坚定、理论基础要求扎实、职业技能要求较高、培养周期长、适宜从中职阶段开始培养的专业
上海	● 优先支持"双高"院校和示范校申报 ● 申报专业原则上应该在职业教育专业目录同一大类 ● 行业岗位技术含量较高，技术技能训练周期较长，熟练程度要求较高，社会需求量较大的专业；且中高职阶段均须有至少一届毕业生
吉林	● 围绕本省"一主六双"高质量发展战略、"六新产业""四新设施"等方向设置专业 ● 重点布局社会需求强、就业前景广、人才缺口大的学科专业 ● 及时调整重复布点、缺乏特色、近年来毕业生去向落实率偏低、不适应市场需求的学科专业。同时，严禁基础条件不足、人才培养水平不高、不符合培养条件、三年内出现违规办学行为的院校参与中高职贯通培养
福建	● 主要面向学前教育、护理、健康服务、社区服务、艺术、体育等特殊专业领域，培养兼具较高文化素质和专业技术技能的专门人才 ● 原则上高等职业院校举办"五年一贯制"的专业，不得与中等职业学校联办"三二分段制" ● 高等职业院校举办五年制高职的专业原则上应为省级示范专业或服务产业特色专业群，至少有一届高职毕业生；对于产业发展急需的专业可适当放宽。与中等职业学校联办"三二分段制"，原则上应为职业教育专业目录列举的中高职衔接专业，并为该校主干专业，至少有一届毕业生。列入当年度控制增设专业名单的专业不举办五年制高职
贵州	● 幼儿保育、护理、养老服务等专业主要采用五年一贯制培养模式，其他专业原则上采用"3+3"中高职贯通分段制培养
海南	● 对标海南自贸港建设四大主导产业对技术技能人才需求设置相关专业

5.3.3　专业课程改革方案

各省份中高职贯通的课程建设主要由高职院校牵头，其中上海、

60

浙江、福建、湖北等省份在省级层面建立了统一的专业课程改革方案（见表 5-3），坚持德技并修、服务发展，一体设计、递进培养，省域统筹、协同推进等课改原则。

表 5-3　中高职贯通省级统一专业课程改革方案

省份	省级统一专业课程改革方案
上海	《上海市中高职教育贯通专业教学标准开发指导手册》
浙江	《浙江省中高职一体化课程改革方案》 《浙江省中高职一体化课改指导手册》
福建	《福建省中高职衔接专业指导性人才培养方案（试行）》
湖北	《湖北省职业院校旅游管理五个中高职衔接专业教学标准（试行）》 《湖北省职业院校应用电子技术六个中高职衔接专业教学标准（试行）》

（1）公共基础课科目和过程安排各异

不同省份对公共基础课的管理采取了不同的管理策略，总的管理思路是：①关于开设科目，中职阶段要遵照《中等职业学校公共基础课程方案》（教职成厅〔2019〕6 号）、《关于职业院校专业人才培养方案制订与实施工作的指导意见》（教职成〔2019〕13 号）文件等要求，开齐开足公共基础课。高职学段参照执行，不做特别规定。如河南省要求高职学段开设思想政治类、军事素养类、职业职场类、体育劳育美育类等公共必修课程；开设文化交流类、科学基础类、人文艺术类等公共限选课程。②关于开设时间，各学段公共基础课应在不违背总体要求前提下，按照系统设计原则，统筹安排。③关于开设课时，各省份差异较大，其中浙江省各贯通专业的公共课学时占总学时比例稳定在 56% ～ 58%，福建省则在 24.3% ～ 46.2%，河南省规定公共基础课学时应当不少于总学时的 1/4，学校层面的统计结果在 32% ～ 59%，上海市规定语文、数学、英语必修模块为 288 学时，信息技术必修模块为 144 学时。海南省规定公共课与实践课的课时数按 4∶6 比例设置。④关于课程标准，上海市开发了部分贯通项目公共课课程标准，包括《上海市中高职贯通教育数学课程标准》《上海市中高职贯通教育英语课程标准》和《上海市中高职贯通教育信息技术课程标准》。

（2）大部分省份实施转段考试与分段学籍注册

除海南省和福建省外，大部分省份均设置了转段考试环节。其中，关于考试实施，转段考试基本由高职院校和中职学校共同制定，由高职院校掌握主导权。关于考试内容，主要是文化课考试和职业技能测试，吉林省规定职业技能测试分值占比不少于总分值的1/3。关于转段未通过或放弃转段的学生，大部分省份均在符合毕业要求的前提下，为学生颁发中职毕业证书。

目前各省份基本实施分段注册学籍，即无论是五年一贯制，还是"3+2"贯通学制，前三年均在中职学校注册学籍，通过转段考试后在相应的高职学校注册学籍。仅有福建省进入五年一贯制项目的学生，直接在高职学校注册学籍，并规定对于贯通培养的学生，出现在中职教育阶段校内转专业、跨校转学现象的，视为放弃贯通培养资格，不得再参与转段考试并通过转段考试方式升学。

（3）质量保障机制聚焦招生和人才培养过程

一是纳入年度专业设置常态工作。福建、湖北、甘肃等省份，已将中高职贯通相关工作纳入年度专业设置常态工作。二是招生计划刚性控制。浙江省将中高职一体化五年制职业教育升入高职阶段的学生规模数纳入高职院校当年普通高校招生计划。要求各院校在招生录取中必须严格执行招生计划，严禁超计划招生。三是招生资质动态调整。河南省规定，未在省级教育行政部门备案的高等学校中专部和未列入年度具有中等职业教育学历教育招生资质名单的中等职业学校不具有招生资质；对上年招生规模偏少、各专业单独编班困难或有违规行为的学校，取消年度招生资质。将招生计划集中在优势专业，取消就业水平低、社会人才需求不足、转段率低以及上年招生规模低于20人的专业的招生资质。湖北省对招生计划完成率低、转段比例低的学校和专业进行动态调减。甘肃省的贯通、衔接培养的质量保障机制和退出机制由高等职业学校根据联合培养实际自行制定。四是人才培养过程监控。湖北省在每年组织的职业学校教学工作诊断与改进工作中，将中高职贯通培养作为各高等职业院校内部质量保证体系诊断与改进工作内容，定期开展诊断与改进工作。

5.3.4　经费保障及教学资源建设

（1）经费按中高职分段划拨和使用

目前各省份对中高职贯通项目经费一般不做统筹分配和使用，合作双方学校的经费分配和使用实行分段安排，经费划拨至学生所在学校：中职阶段由中职学校按规定执行，学生享受中等职业教育免学费和助学金等相关资助政策，纳入中等职业教育的事业统计范围；高职阶段按《普通高等学校学生管理规定》管理，执行高等职业院校收费标准，学生享受其他高职学生同等待遇，纳入高等教育事业统计范围。海南省还对实施贯通和衔接的院校在经费使用上给予额外支持：一是对每个中高职"3+2"分段培养试点项目，给予后段高职学校 6 万元补助，前段中职学校不给予补助；二是对每个中高职"3+2"连读试点项目，分别给予前段中职学校、后段高职学校各 5 万元经费补助。

（2）教材和教学资源建设滞后

教材和教学资源是提升中高职贯通培养质量的关键要素。总体来看，各省份在中高职配套资源建设上比较滞后，相关教育管理部门注重宏观政策规划，对于教材开发、高质量数字化教学资源建设等关注不足，不少省份尚未针对中高职贯通人才培养开发专门教材和教学资源，主要由中高职院校自行针对教学进行建设和选用。当然，也有部分省份管理下沉，聚焦人才培养过程要素进行质量管理。如浙江省教育科学研究院等部分省份教育科学研究机构，针对教材、精品课程等中高职贯通人才培养关键要素进行了统筹安排。

基于对各省份的调研发现，中高职贯通培养项目总体上受到社会各界的欢迎，一是中高职贯通成为现代职教体系的重要组成部分，提升了各级职业教育，尤其是中等职业教育的办学质量。部分高职和本科专业课程前置到中职阶段学习，为后期推进课证融通教育打下了坚实基础。高职和本科院校分别与合作中职学校共同开展教研活动，为中职学校课程改革、实训室建设、师资配备等提供具体建议，促使中职的教改方向更加清晰，有效提升了办学质量。二是增强了职业教育的社会吸引力，有效打破职业教育"层次不高""出口狭窄"等"天花板"，更好地适应产业升级对高素质技术技能人才培养需求和老百姓对更高学历层次人才培养需求，激发了学生的学习积极性和主动性。一些优质高职院校录取分数线甚至高于普通本科院校最低分数线，且参与贯通培养的学生生源普遍优于一般中职全日制在校生。三是贯通学制培养出的学生在技能培养的连贯性和熟练性上较好，一定程度上更适应经济社会高质量发展对技术技能人才的需要。

5.4 中高职贯通实施的主要问题

5.4.1 办学定位和管理体制

当前，部分省份出现了形式上由中职学校单独举办中高职贯通项目的情况，这在社会上引起了"中职办高职"的相关误解。五年一贯制项目学校属于高职范畴，但从管理体制看，其与中职阶段教育存在一定交叉，未能与三年制高职教育一起被纳入统一管理。少数中职学校对"3+2"学生的教学重视不够，以为学生"进保险箱了"；个别高职院校主要目的是储备生源，对教学也不够重视，没有从提升职业教育吸引力和扩大区域影响力上下功夫。

5.4.2　"硬衔接"与"假贯通"

这个问题在各省份都不同程度存在，主要体现在，一是中高职学校目前都建立了自己独特的专业课程体系，具有自身的教学内容与特点，但相互之间缺乏有效沟通，出现教学内容重复的现象或衔接不足的情况。二是即使在省级层面提供了统一的人才培养方案和课程体系，但其执行过程不够严谨，力度不够，实施不规范。这就导致部分用人单位对高中毕业升入高职的学生和贯通培养的学生存在区别对待，有些用人单位明确提出不接收贯通培养学生顶岗实习，或者在用人单位中实行不同待遇。三是与贯通培养相配套的各类教学资源十分缺乏，尤其是教材无法贯通，从而阻碍了人才培养的实质贯通。

5.4.3　师资队伍

师资队伍建设质量从课程建设、教学管理等方面影响中高职贯通培养的质量。不少教师缺少相应的教育学知识和心理健康教育能力，很难对五年一贯制学生真正做到因材施教，难以把握五年制学生的身心发展特点和学习特点，最终影响了学生能力提升。有些教师的课改意识和能力有待强化，部分教师的教学方式比较传统，少数教师教学手段与内容较为陈旧，等等。加之，中职阶段、高职阶段师资队伍之间相互交流沟通不足，即使进行了一体化课程设计，但是各个层次教学工作分阶段实施，并未在教学实际过程中实现真正的一体化。

5.4.4　管理的复杂性

中高职贯通学生入学时是未成年，五年的时间经历了从未成年到成年的转变，这一生源学习过程的独特性，带来了管理上的复杂性。突出表现为，部分省份近年来各类学校的生源质量持续下降，学生录取分数的离散度较大，有的专业最高分与最低分相差达 100

分以上。学生文化基础差异增大，入学时年龄较小、自律能力差，入校后独立生活、自主学习适应时间长，心理问题多，带来管理和教学难度随之增大。部分省份完成转段的学生人数较少，不能达到独立成班的规模，造成教学资源的浪费和培养效果不佳的现象。还有学生安全和学徒工资待遇问题，中高职学生在不同学段、年龄段进入企业实习实训，如何确定保险标准、工资待遇、身份等，这些问题尚未在制度层面予以明确。

5.5 完善中高职贯通培养模式的政策建议

5.5.1 廓清政策边界

中高职贯通培养，是以专科层次人才培养目标为依据，一体化设计中职和高职学段的内容。一体化设计的优势在于可以安排因学制时间限制而无法整体设计、连续设计的学习内容和进程。例如实践教学环节和时间可以延长且一体化设计，理论学习和实践学习可以在更长的时间内连续交替，一些不同学制中的重复内容可以压缩，一些综合性且有教育价值的大项目、大工程可以嵌入整个贯通学制，操作技能的训练可以提前等。但一体化也必然带来一些潜在的风险，例如五年的学习是否会导致毕业后的能力结构无法跟上岗位需求、缺乏阶段性的设计是否会提升学生学习的厌倦感、中职的主体性是否会被贯通项目弱化等。因此，一个专业是否需要贯通设计，应该存在一个成本和收益的平衡点，需要进行科学、审慎、充分的论证。

5.5.2 提升吸引力和融合性

中高职贯通不应成为"便利升学"的代名词，不应成为破坏教育公平的"伤口"，它应是职业教育通过贯通学制培养拔尖技术人才的独特通道。因此要把中高职贯通设计成"现代产业工匠的孵化器""优质本科面向职业教育招生的重要渠道"。要在招生、培养、转段、毕业等多个环节，对中高职贯通进行全面规范和提质升级，争取优质本科面向中高职贯通划拨专项招生计划，并将中高职贯通办学质量和职业教育其他专项的获取和评估挂钩，让中高职贯通项目牵引职业教育高质量发展，引领中本贯通、高本贯通等其他类型贯通制度的设计，成为职业教育和高等教育融合发展的突破和样板。

5.5.3　明确权责关系

出台规范性文件对贯通项目的功能定位、学制地位、发展规模、通道设计、专业遴选、人才培养、学籍管理、转段考试、制度保障、潜在风险等方面做原则规范，并针对部分关键环节做统一规定。对学校遴选、哪些专业进入贯通专业目录、双主体办学如何开展、产教融合与校企合作如何协调和统一设计等细节问题，由各省份统筹确定。

5.5.4　规范关键概念、指标和要素

需要对关键概念、指标和关键要素做明确规范：①将五年一贯制、"3+2"贯通、"3+2"衔接统一称为"中高职贯通培养"，定位为现代职教体系中的稳定学制，旨在满足职业教育拔尖人才培养需求，在产业高端、技能需较早介入、职业情境复杂多元的专业中设计。招生数量占当年中职招生总数的 30%～35%。在贯通项目中，设计两类培养模式：一是"3+2"模式，允许学生 3 年学习后直接毕业乃至更换专业；二是五年一贯模式，学生学习中途不可退出和更换专业。②建议要求各省份编制职业教育中高职贯通专业目录并动态更新，各专业招生数量在总招生上限内统筹协调。各省份可根据本省经济社会发展需求，对标战略产业和支柱产业设置相关专业。③建议中高职贯通培养中公共基础课课时数占总课时数 45%～55%，中职阶段公共基础课要遵照《中等职业学校公共基础课程方案》《关于

职业院校专业人才培养方案制订与实施工作的指导意见》等文件要求开足开齐，高职阶段公共基础课科目可依据中职阶段的科目接续设计。④建议统一实施分段注册学籍，前三年按中职学籍注册，后两年按高职学籍注册。经费分配和使用等均按照学生身份和办学阶段确定。

5.5.5　转段考试实施

建议强制性规定中高职贯通项目必须设置转段考试，并厘清当前中职教育阶段各类统一考试的功能定位，规范各类考试的设计过程，减少不同类型考试间的冲突和重复设置，提升考试设计的针对性。即以学业水平考试解决"达标"的问题；以贯通转段考试和职教高考解决"选拔"的问题。如表5-4所示：①职教高考属于面向中职三年级学生的选拔性考试，考试内容包括文化素质考试、专业技能考试和专业理论考试，应具有显著的难度和区分度，要兼顾高等职业教育的人才培养需求，采用分数制。每年考试一次，考试时间为每年3月，其中文化素质类考试可酌情使用各省份学业水平测试中的语文、数学、英语考试成绩，技能考试可酌情用各省份学业水平测试中的技能等级，或权威性高的技能证书代替。②贯通转段考试属于面向中高职贯通项目中三年级学生的达标性考试，考试内容包括文化素质考试、专业理论考试和专业技能考试，考试以测试学生是否具备中职水平的知识储备和技能水平为主要目标，采用等级制。每年考试一次，考试时间可与职教高考时间保持一致，可酌情使用学业水平测试成绩替代。部分小众专业可考虑单独组织。③学业水平测试属于面向中职二、三年级学生的达标性考试，考试内容包括文化素质考试、专业理论考试和专业技能考试，考试以测试学生是否具备中职水平的知识储备和技能水平为主要目标，采用等级制。每年考试一次，在校生共有两次考试机会（二年级一次、三年级一次），考试时间为每年下半年。

表 5-4　三类考试的设置标准

	考试对象	考试内容	考试时间	考试类型
职教高考	中职三年级	专业技能考试	每年 3 月，或用学业水平测试中的技能测试成绩（B 及以上等级）、权威性高的技能证书代替	选拔性考试（分数）
		专业理论考试	每年 3 月	
		文化素质考试（语文、数学、英语）	每年 3 月，或使用学业水平测试中的文化素质考试等级（B 及以上等级）	
贯通转段考试	贯通项目的中职学段三年级	文化素质考试（语文、数学、英语）	和职教高考时间一致，可使用学业水平测试成绩替代（具体等级要求各省份自定），部分专业可单独组织	达标性考试（等级）
		专业理论考试		
		专业技能考试		
学业水平测试	中职二年级、三年级学生	文化素质考试（语文、数学、英语）	每年下半年	达标性考试（等级）
		专业理论测试		
		专业技能考试		

5.5.6　减少潜在阻力和负面反馈

中高职贯通改革可能会存在两大风险。一方面是对中高职贯通的定位和规模管控，可能会引起已经有较大规模贯通培养省份的反弹，因此需要处理好改革的时间安排和政策解释工作。需考虑改革缓冲时间，在 2～3 年内达到规定要求，并保障已有专业设置、招生和人才培养不受影响。

第 6 章

治理视角下的职教高考利益相关方分析

职教高考涉及的利益相关方分布在考试和招生两个环节。考试环节包括被试者、测试者，招生环节包括被录取方、招生方以及组织者。在这两个环节中都涉及学生和学校，另外还包括用人单位和考试的组织方。因此，本书选取学生和学校进行重点分析，并对用人单位和考试组织方进行了调研。

对于重点调研样本群，因学生群体较大，对学生的调研主要以问卷形式开展。样本选取时注意覆盖全国东中西部地区多省份和各专业类。学校调研方面选取了负责或参与学校招生工作的相关教师，因其对于这项工作的反馈信息丰富，采取了访谈的调研形式，并对访谈内容进行结构化编码，形成主要意见。调研内容重点围绕考试招生制度各项政策展开。

对于涉及的其他利益相关方，包括用人单位、考试机构、行业组织、省级教育行政主管部门，也采取了问卷和访谈的形式，问题集中在招考政策推行中的实际情况和建议。

6.1 学生

本书以部分国家"双高"院校的一年级学生为调研对象，通过"金数据"小程序发放调查问卷，了解学生专业选择满意度情况。问卷持续发放两年，其中 2019 年有效样本数为 1 046 份，2020 年有效样本数为 6 351 份（见表 6-1）。样本覆盖了全国东中西部地区十余所"双高"院校。总体看，样本主要涉及医药卫生、装备制造、财经商贸、农林牧渔、土木建筑、电子与信息等专业大类，专业分布情况与全国总体专业分布情况基本相符。

根据样本统计分析结果，可以看出，高职院校生源多来自农村，父母多是农民或个体户、务工人员。学生倾向就读电子信息、医药卫生等专业技术壁垒较高的专业，希望通过求学获得较好的就业前景和工作环境。多数学生有继续升学的需求和计划。

表 6-1　2019—2020 年问卷样本基本信息统计

a. 2020 年问卷样本基本信息统计

样本总数	学生性别		学生来源		父母最高学历				
	男	女	城市	农村	小学	初中	高中	本专科	研究生
6 351	4 128	2 082	2 644	3 707	1 019	2 763	1 750	667	49
占比	65%	33%	42%	58%	16%	44%	28%	11%	1%

b. 2019 年问卷样本基本信息统计

样本总数	学生性别		学生来源		父母最高学历				
	男	女	城市	农村	小学	初中	高中	本专科	研究生
1 046	515	504	412	606	201	429	247	133	11
占比	49%	48%	39%	58%	19%	41%	24%	13%	1%

注：表格中各分项加总小于 100% 的，是因为部分样本该项数据为空白。

总体看，当前高职学生普遍认为，经过一年的学习，对当前专业较为满意，跟预期基本一致，学生个体获得感高，就读后对学校专业选择满意度较高，同时有着较为强烈的深造意愿。结果对照显示，在理想状态下，学生选择专业主要考虑的是个人能力和兴趣、未来发展等因素，但父母职业、父母意愿、所在阶层等因素也发挥着重要影响。

6.1.1　数据分析

Y 表示专业选择的满意度，主要通过满意度、一致性、更换意愿来测量；X 为影响专业选择的各项因素，x_1 至 x_4 分别为家庭因素、自身因素、社会因素、其他因素，对应问卷（附录 A）中第一至第四部分 11—40 题。对问卷数据构建回归模型：$Y = f(x_1) + f(x_2) + f(x_3) + f(x_4)$，通过问卷中相关的题目进行赋值，使用 SPSS 统计软件分别对两年的表格数据进行回归分析，采用多元线性回归方法，得出各相关因素的影响系数。

（1）数据描述性分析

表 6-2 为 2020—2019 年 Y 与 x_1、x_2、x_3、x_4 的描述性分析，包括各维度的均值及标准差，以及最大值、最小值等，其中各维度标准差均未超过均值的三分之一，说明数据的波动范围较小。

表 6-2 2019—2020 年数据描述性分析

a. 数据描述性分析（2020 年）

	N	最小值	最大值	均值	标准差
Y	4 673	8	38	28.75	4.38
x_1	4 810	4	18	9.98	3.35
x_2	4 704	13	64	47.37	7.12
x_3	4 805	3	14	9.60	2.34
x_4	4 822	2	10	7.33	1.82

b. 数据描述性分析（2019 年）

	N	最小值	最大值	均值	标准差
Y	1 014	3	13	9.90	1.72
x_1	1 010	2	9	5.73	1.71
x_2	1 001	13	64	48.13	7.77
x_3	1 013	4	18	12.67	2.36
x_4	1 016	3	15	11.03	2.60

（2）回归分析（表 6-3）

表 6-3　2019—2020 年问卷数据回归模型

a. 问卷数据回归模型（2020 年）

	B	标准误差	标准化系数	t	P
（变量）	10.775	0.331		32.521	<0.001
x_1	0.205	0.018	0.156	11.302	<0.001
x_2	0.235	0.010	0.380	23.384	<0.001
x_3	0.162	0.029	0.086	5.632	<0.001
x_4	0.445	0.034	0.184	13.094	<0.001

b. 问卷数据回归模型（2019 年）

	B	标准误差	标准化系数	t	P
（变量）	4.606	0.309		14.903	<0.001
x_1	0.174	0.034	0.172	5.086	<0.001
x_2	0.057	0.009	0.256	6.188	<0.001
x_3	0.083	0.028	0.114	3.013	0.003
x_4	0.048	0.024	0.072	2	0.046

显著性 P 值均小于 0.05，表示自变量 X 对 Y 的影响有统计学意义。其 X 对 Y 影响主要表现为标准化回归系数，从回归结果可知，x_1、x_2、x_3、x_4 对 Y 的影响均为正向影响，回归方程可以写为：

$$Y（2020）=0.156 x_1+0.380 x_2+0.086 x_3+0.184 x_4$$

$$Y（2019）=0.172 x_1+0.256 x_2+0.114 x_3+0.072 x_4$$

两年的数据稳定性较好，显示出其中 x_2 即自身因素对 Y 的影响最大，2020 年为 0.380、2019 年为 0.256，x_3 社会因素对 Y 的影响较小，分别为 0.086、0.114。

（3）相关性分析（表6-4）

表6-4　2019—2020年数据相关性分析

a. 数据相关性分析（2020年）

	Y	x_1	x_2	x_3	x_4
Y	1				
x_1	0.489**	1			
x_2	0.628**	0.558**	1		
x_3	0.506**	0.515**	0.646**	1	
x_4	0.517**	0.431**	0.578**	0.535**	1

b. 数据相关性分析（2019年）

	Y	x_1	x_2	x_3	x_4
Y	1				
x_1	0.402**	1			
x_2	0.466**	0.543**	1		
x_3	0.400**	0.491**	0.648**	1	
x_4	0.366**	0.459**	0.610**	0.529**	1

注：** 在 0.01 级别（双尾），相关性显著。

从相关性分析可得，Y 与 x_1、x_2、x_3、x_4 分别呈现显著的正相关关系。其皮尔逊相关系数 2020 年分别为 0.489、0.628、0.506、0.517，2019 年分别为 0.402、0.466、0.400、0.366。两年数据均显示，Y 与 x_2 的相关系数最大，Y 与 x_3、x_4 的相关系数较小。此外，x_1、x_2、x_3、x_4 分别呈现显著的两两正相关。x_2 与 x_3 的相关性最大，x_1 与 x_4 的相关性最小。

6.1.2　主要结论

（1）满意的专业即与预期一致或接近、适合自己的专业

专业满意度与学生对专业的预期及个人学习能力呈现正相关。学生选择专业的预期因素包括与专业对口的职业是否理想、是否能帮助缓解经济压力、是否能最大程度发挥有利因素等。影响选择的主要因素是个人因素，包括个人能力高低、对自己的了解程度等；其次为外部因素，如对专业或职业的了解、选择技巧等。成绩排名前 20% 的学生相对对专业选择满意。

（2）对学生选择专业的影响因素由大到小排序依次为个人、家庭、社会、其他，在主体上依次为自己、父母、老师、亲戚、同学、媒体信息，其中社会因素和家庭因素相互影响

个人因素主要包括自身学习能力、自信心、目标明确性、得到支持认可的经验等；家庭因素包含父母职业、父母文化程度、家庭所在地、与父母交流频度、对父母职业认同度、与父母偏好相似度、与亲友交流程度等；社会因素包括职业体验参与度、职业目标明确性、信息获取情况等；其他因素从动机角度可分成三小类，一是为减轻家庭负担，二是认为该专业将来前景较好，三是因为个人有成就感。

（3）社会因素和家庭因素相互影响

虽然高职学生家长大多文化程度不高，60% 在农村，62% 为初中及以下学历，多数不具备给孩子提供专业建议的能力。但是父母的意见在两个方面具有重要意义：一是帮助孩子构建预期，帮助孩子认识自我，让孩子感觉被支持和理解、感到有自由选择的权利，对于专业选择有重要意义。对照组显示，当学生对专业选择感到不满意时，经常或有时和父母探讨自己专业选择的占 35.8%，专业选择得到家人支持或比较支持的占 73.2%，以往其他选择也得到家人认同的占 70.5%。而当学生对专业选择感到满意时，以上数据均有所提升，分别为 68.2%、89%、86%。经常和父母探讨其他选择的，也会讨论专业选择这样的重大决策，并且更容易得到家人支持，从而获得较高的满意度。而这一差别，在与亲友探讨的选项中，差异并不明显，而且父母的受教育水平对于专业满意度也没有明显的影响作用。二是尽管不能提供专业支持或资源助力，但是父母意见可能是孩子重要的获得社会经验的来源。

（4）高职学生普遍专业认同不强，深造意愿强，专业／职业选择是决策不断匹配的过程

调查显示，如果有可能，很多学生还是会选择一个更有"象征"意味的选择，如更好的学校、本科层次的其他专业。即使是专业满意度较高的情况下，仍然有"更喜爱的"专业选择。这一定程度上是由于基础教育阶段普遍缺少职业生涯规划教育，使得学生对各个行业领域和职业缺乏理解，选择专业和职业方向较为盲目，专业和职业选择不是建立在个人兴趣和能力基础之上。此外，对专业认同感不强，使学生有非常强烈的深造意愿。

6.1.3 对教育治理的启示（学生）

研究发现，个人因素、社会因素和家庭因素对学生的专业满意度均有较为显著的正向影响。存在的主要问题是，无论对专业选择的满意度如何，在做选择时最困扰的因素首先是对职业岗位缺乏了解、个人能力不足，其次是学校就业指导不够、对自己不够了解、缺乏填报技巧。学生在专业选择前后，对于专业和职业大多都是懵懂迷茫的。职业目标清晰能显著提高专业选择满意度。在选择专业及此后如就业或接受继续教育进行学历提升的持续选择中，个体的决策路径是渐进的，因此，建立合理的自我认知和职业预期至关重要。而在这一过程中，受到多重因素影响和限制，从学生个体角度来看，在建立科学的职业认知、提升选择能力等方面还有较大空间。在此，本书针对性地提出相关展望。

第一，培养更多高素质技术技能人才需多方参与，尤其要重视学生个人和家庭的作用。父母经常或有深度地与其子女交谈，这对他们的专业选择满意度具有重要意义，学生选择专业时主要考虑的是个人能力兴趣、未来发展等因素，但父母的职业、意愿倾向等因素也发挥着重要作用。

第二，培养更多高素质技术技能人才，重点在于帮助学生从小建立科学的职业认知，提升其选择能力。一个重要的方面是提升职业教育吸引力，提升学生对高等职业教育及其专业的主动选择能力。学生则需要在职业规划的前期加深其对所选专业、行业的了解，学校则需提前提供预判职业发展路径的"窗口"，开展职业倾向评测，引导其合理建立预期。在学生不断发展的职业认知和产业需求的不断匹配中使社会需求和个人意愿的对应达到最优。

第三，吸引更多青年接受职业教育，最重要的群体是即将做出专业选择的高中阶段学生，最需要的方式是为他们提供多种职业体验机会，最重要的宣传渠道是学校，最重要的环节在于帮助建立其自我认知和职业认知。应在初高中阶段增加职业教育相关启蒙课程或者社会实践、劳动实践，以增加学生对职业的初步认知。

建设高质量的技术技能人才培养体系，需要帮助学生树立合适的职业观，促使人才各尽其能、各显所长。应加强社会广泛宣传，提升学生对专业选择的认识度和满意度；应加快畅通技术技能人才培养渠道，充分给予学生二次甚至多次选择的机会；应加强继续教育政策和资源供给，吸引更多青年接受职业教育。表 6-5 为教育治理中的职教高考多元参与框架（学生）。

表 6-5　教育治理中的职教高考多元参与框架（学生）

	事前	事中	事后
政府			

续表

	事前	事中	事后
高校			
学生	提高知识能力素养，构建合理专业预期	报名，参加考试	主动适应，明确职业方向，渐进决策
行业企业			
其他			

6.1.4 职业引致的渐进决策

调查显示，无论是什么时期，对专业选择满意度感觉如何，"不太确定"都是占比最大的选项。学生的专业或职业目标始终是比较模糊的。选择现在"有明确的职业目标"的仅有28%，不太确定、完全不确定、比较模糊等选项占72%。学生对当前专业、未来职业感到不确定性是主流。调查还显示，无论对专业选择的满意度如何，在做选择时主要困扰的因素按程度由高到低依次是对职业岗位缺乏了解、个人能力不足。学生在每一个环节对于专业和职业的选择大多都是懵懂迷茫的。虽然从主观上，学生认为学习"较有自信""有较强的学习动力"，也"能体会到学习的乐趣"，甚至"对将来的工作充满期待"，但仍然感到对职业的极大不确定性和对自己缺乏了解。经过一年的专业学习，对职业岗位了解缺乏的感受更甚，远远超过了位列第二位的个人能力不足。

根据以上结果，提出职业引致的渐进决策模型。高考是高利害考试，由于学生个人受到信息掌握程度和处理能力的影响，信息不完全对称，个体在进行专业选择时无论在事前、事中还是事后，都是"渐进决策"的（见图6-1），是一个不断将自己的能力和预期进行匹配的过程。并且在选择之后，会经过学习和反思，反馈到下一轮选择中，影响后续的投入和二次选择。因此无论专业满意度如何，完成本阶段学习后，学生都有很强烈的接受更高层次教育的愿望，这一匹配过程会持续不断进行，形成一个循环圈，直到进入职业阶段。

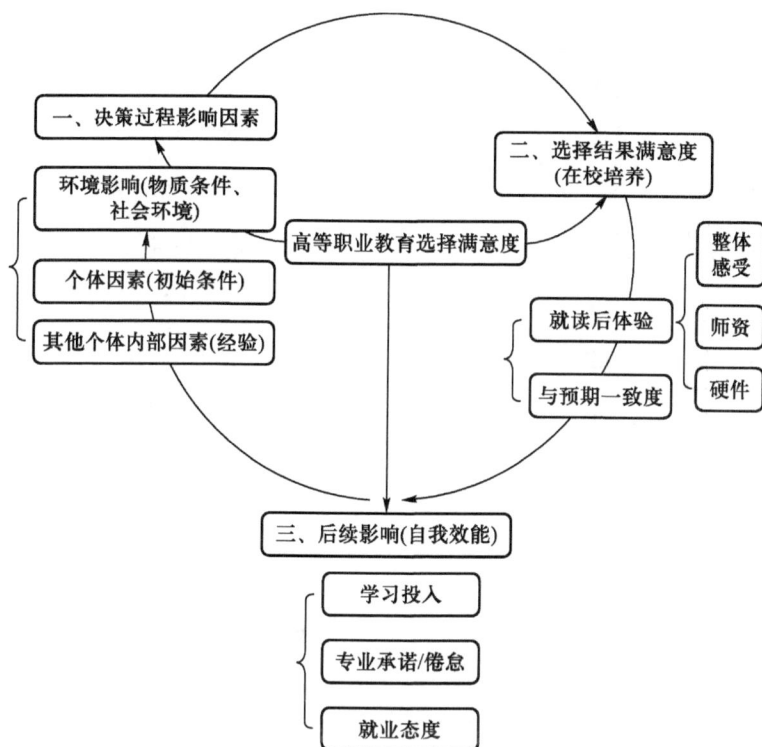

图 6-1　职业引致的专业渐进决策模型

6.2　学校

6.2.1　访谈对象情况

本书选取来自不同地区的高职院校教务处、招生办等部门工作人员进行了访谈调查（见表 6-6），访谈对象熟悉本校招生情况。将访谈对象进行编码，为保证全面性和准确性，采用结构化访谈法进行资料收集（访谈提纲见附录 B）。调研时研究人员对访谈进行了录音，并在调研结束后对录音资料进行了汇总整理，并将整理的文字资料与访谈对象进行了沟通确认，内容得到了访谈对象的认可，确保信息真实。

表 6-6　访谈对象的基本情况

代号	地区	被访谈人所在单位
F1	广东	广东工贸职业技术学院
F2	深圳	深圳职业技术学院
F3	江苏	南京信息职业技术学院
F4	山东	潍坊职业学院
F5	湖南	长沙民政职业技术学院
F6	江苏	无锡职业技术学院
F7	重庆	重庆医药高等专科学校
F8	陕西	陕西工业职业技术学院
F9	浙江	浙江金融职业学院
F10	安徽	安徽机电职业技术学院
F11	河北	河北工业职业技术大学
F12	湖北	武汉职业技术学院
F13	江西	江西制造职业技术学院
F14	贵州	贵阳职业技术学院
F15	天津	天津市职业大学

6.2.2　对教育治理的启示（多利益主体）

将访谈对象所描述的高等职业教育考试招生制度中存在的问题按照"教育治理框架体系"中的利益主体分为教育行政部门、高校、学生、其他四个类别，同时按照考试和招生两个环节，对访谈中提到的主要观点进行概念化归类并进行编码（见表6-7）。

表 6-7　访谈内容分析

		概念化编码
主体维度	教育行政部门	政策性倾斜、多样化途径、统一思想方向、中高本研衔接试点
	高职院校	自主命题、自主招生、录取分数线、专业、技能考试、政策规范、缺乏标准、维护公平、题库建设、区分度
	学生	生源质量、续本升本、生涯规划、填报志愿
	行业	参与命题
	考试机构	招考分离、考试大纲、第三方命题机构
	联合体	省考试院组建、参与命题
环节维度	考试	文化考核、职业技能和职业倾向、命题客观性和公信力、春季高考、理论考核、职业操作技能、仿高考
	招生	提前分流、一档多投、社会认可度、贯通培养、二次录取机会、生源紧缺度、本科层次高职选拔生源、双向选择权、取消录取批次

通过对访谈数据编码并结合教育治理框架体系进行进一步分析，可将受访者反映的问题及建议总结（见表 6-8）。

表 6-8　教育治理中的职教高考多元参与框架
（政府、高校、行业企业、考试机构）

	事前	事中	事后
政府	明确目标原则、开展试点		
高校		自主招生、自主命题、办特色专业	
学生	参加职业体验		做好职业生涯规划
行业企业	参与命题	参与技能测试评价	
其他	成立专门技能考试机构、招考分离		

总体来看，少量优质高职院校招生情况较好，但民办、地方高职院校普遍面临招生困境、报到率低；部分高职院校在高等教育的夹缝中艰难生存，"生源差—教学质量差—吸引力低"的循环加剧。高职院校在招生考试时自主权较大，省级教育行政部门只规定各个学校的招生指标，考试实施是由各学校自主进行。对院校进行的访谈结果显示，公众对其实际招录流程公平性存在质疑，一定程度上影响了招生的权威性和科学性。由高校自主命题开展考试，如考题难度过大会减少生源，还将影响第二年的报考人数。高职院校即使在人才培养环节更加注重技能培训与岗位实际的匹配度，在综合素养培养上下功夫，但在入口环节，主要关注的还是文化成绩，且由于招生需要，缺乏提高职业技能测试科学性的动力，往往在提高技能人才选拔的科学性和充分招生之间存在矛盾心态。

6.2.3 职教高考"文化—技能"多元化评价矩阵

将访谈数据进行进一步分析，对当前职教高考推行的六种模式按照"文化—技能"多元化评价矩阵进行排列，得出分布结果（见图 6-2）。

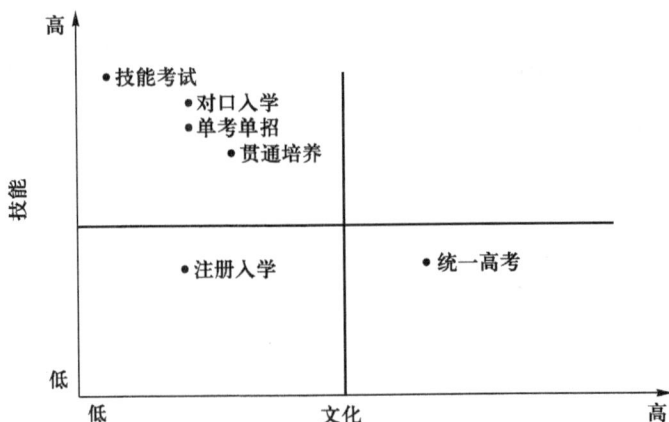

图 6-2 当前职教高考主要模式评价矩阵

6.3　企业

6.3.1　用人需求

　　面向 1 567 家机械行业企业开展的问卷调查结果显示，伴随着技术革命、产业转型升级，其对于工程技术人才学历和职称的要求有不断提升趋势，特别是对于博士、硕士等高学历和中高级职称的需求呈急剧增长趋势。相关企业"十四五"期间急需工程技术人才的十大专业领域依次为：机械制造工程、产品设计开发、自动控制工程、设备工程技术、软件技术、工业机器人、材料成型、工业设计、材料工程、计算机工程（见图 6–3）。

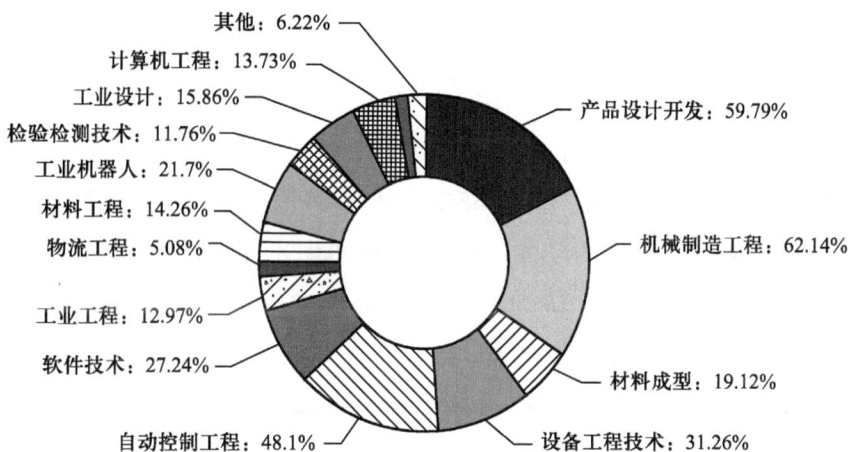

其他：6.22%
计算机工程：13.73%
工业设计：15.86%
检验检测技术：11.76%
工业机器人：21.7%
材料工程：14.26%
物流工程：5.08%
工业工程：12.97%
软件技术：27.24%
自动控制工程：48.1%
产品设计开发：59.79%
机械制造工程：62.14%
材料成型：19.12%
设备工程技术：31.26%

　　注：因数据计算结果四舍五入，各专业领域占比百分比相加总和不等于 100.0%。

图 6–3　相关企业"十四五"期间急需工程技术人才的专业领域占比情况

　　企业招聘对于技能人才的学历要求不断提高。在 1 318 家典型企业中，在招聘技能人才时对学历要求有明显提高的 447 家，占比 33.92%；有所提高的 517 家，占比 39.23%；基本持平的 330 家，占比 25.04%；有所降低的 24 家，占比 1.82%（见图 6-4）。由此可见，企业对于技能人才学历的要求在日益提升。

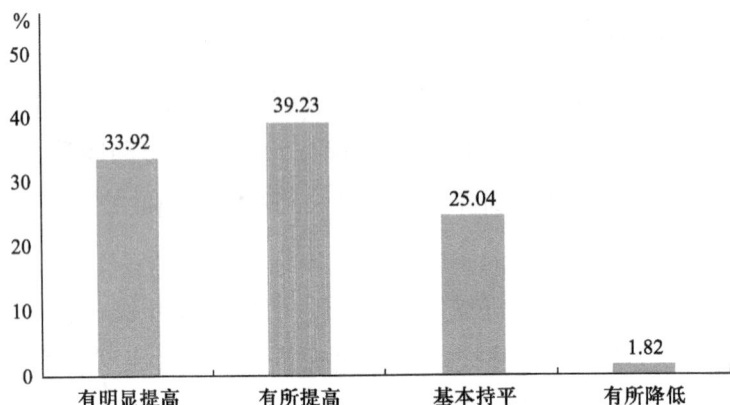

图 6-4　相关企业"十四五"期间对于技能人才学历提升要求占比情况

企业反映职业院校应届毕业生入职后普遍存在的四大方面问题依次为：岗位技能、专业知识（学习能力）、适应力（沟通力）、职业道德。在 1 318 家企业中，认为毕业生不能做到爱岗敬业、职业道德欠佳的 454 家，占比 34.45%；认为岗位技能不足、难以胜任工作的 854 家，占比 64.8%；认为专业知识不足、学习能力差的为 616 家，占比 46.74%；认为适应能力差、难以沟通的 496 家，占比 37.63%；认为是其他问题的 94 家，占比 7.13%（见图 6-5）。可以发现，当前职业院校毕业生培养质量与企业用人需求之间还是存在不小差距。

6.3.2　技能评价

调研显示，企业反映职业院校应届毕业生入职后普遍存在的最大问题为岗位技能不足、难以胜任工作。这反映出在招考环节，职业技能测试和职业适应性测试的科学性还有待加强，企业参与度不够。在实际操作中，职业适应性测试以综合免试形式为主，多采取情景模拟、心理测试、动手实作等方式，内容包括专业通识基础、职业意识、心理素质、法律法规（行规）基础等方面，考查考生基本职业素养，但技能仅靠观察法和标准化测试是不完整的。目前尚未建立科学有效的职业技能评价标准并采取合适的方式进行测量，这也导致企业在用人时出现的各类问题。有访谈对象谈道："考试需要相关行业专家统一思想和方向。可由省考试

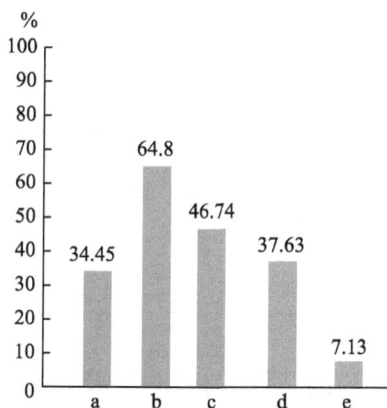

a. 不能做到爱岗敬业，职业道德欠佳　b. 岗位技能不足，难以胜任工作
c. 专业知识不足，学习能力差　d. 适应能力差，难以沟通　e. 其他

图 6-5　企业所反映的职业院校应届毕业生入职后存在的各类问题

院组织多所高职院校和中学的专家形成联合体，共同制定标准，共同命题，增加命题的客观性和可信度。""多聘请企业、行业专家参与命题。"

6.3.3　对教育治理的启示（企业）

企业作为用人单位，是参与教育治理的重要主体。可联合行业组织共同在事前、事中、事后发挥重要作用。例如，在事前提出相关领域人才需求、对行业人才需求规模结构作出预测；事中联合开展技能测试、完善题库，提出技能标准和评价标准；事后联合开展人才培养，并发挥重要的指导、监督、服务功能，如表

6-9 所示。

表 6-9　教育治理中的职教高考多元参与框架（用人单位、行业组织）

		事前	事中	事后
政府				
高校				
学生				
行业企业	用人单位	提出人才需求	联合开展技能测试、进行技能评价	联合开展人才培养
	行业组织	预测行业人才需求规模结构	提出技能评价标准、操作规范	指导，监督，服务
其他				

6.4　各利益相关方改革要求与政策综合分析

通过各利益相关方改革要求与核心元政策或现状进行综合对比（见表 6-10），改革要求与现行政策存在差距。

表 6-10　各利益相关方改革要求与核心元政策对照表

	利益相关方	核心元政策	改革要求概念化编码
主体	学生	扩大中职毕业生入学比例（2002），扩大高职院校招生规模（2005），针对中职毕业生、退役军人、下岗失业人员、农民工和新型职业农民、技能拔尖人才等不同对象采取不同的考试录取方式（2019）	续本（升本）、生涯规划、填报志愿
	省级政府	高等职业教育入学考试由各省份组织（2010），明确以省级政府为主统筹管理组织高等职业教育考试招生制度改革（2013），高职专科计划和成人高等教育计划由各省份统筹安排（2016）	统一思想方向、多样化途径、政策性倾斜、中高本研衔接试点

续表

	利益相关方	核心元政策	改革要求概念化编码
主体	高职院校	鼓励示范校开展单独招生改革试点（2006），支持骨干校开展单独招生试点（2010），高职院校招收有工作经验的学生，应将工作实绩和能力作为重要的录取依据（2017）	生源质量、自主命题、自主招生、专业建设、技能考试、政策规范、制定标准、维护公平、题库建设、区分度
	其他利益相关方	政策文件中未提及，尚无相应制度安排	企业招聘需求，行业参与命题，联合开展技能测试、进行技能评价，成立专门考试机构，招考分离
环节	考试	探索高职自主考试、自主录取（2010），加快推进分类招考或注册入学（2013），加快推进高职院校分类考试（2014），突出"文化素质＋职业技能"评价方式（2017），推进高职院校分类考试（2017）；建立"职教高考"制度（2019），每年春季省级教育行政部门统一组织开展以高职学校招生为主的分类考试（2020）	命题客观性和公信力、春季高考、职业操作技能
	招生／录取	改进招生计划分配方式（2014），分类考试录取的学生不再参加普通高考（2020）	提前分流、二次录取机会、一档多投、贯通培养、双向选择权、取消录取批次、本科层次高职选拔生源

首先，利益相关方存在缺失。当前职教高考的各级各类政策中，对于学生、学校、省级政府的职责都做了相应的安排，但是对于行业企业、专业考试机构等其他利益相关方并没有提及。仅有关于招考分离的原则性表述，但是如何分离，分离之后招生、考试分别由什么机构牵头负责，在政策中尚未明确。而省级政府虽然被赋予了改革的主要权责，但由于涉考事关重大，在机制上创新需要有强大的动力和魄力，目前主要是在现有政策框架下"打补丁"。

其次，各利益相关方之间存在博弈。这一博弈的焦点集中体现在自主招生的政策上，优质高职院校希望通过自主招生提前锁定优质生源，其他高职院校希望通过自主招生获取更多生源，解决生源危机。但如果所有院校都这么做，从招生的供需关系来看，则"市场"陷入混乱，造成抢夺生源的乱象，学生群体权益受到侵害，职教事业发展受到阻碍。因此高职院校多数同意希望加大其自主权，下放更多自主招生的权力，如计划和专业范围扩大等。部分学校也希望提高招生的门槛，引入行业企业的技术规范，真正选拔到最合适的生源；还有部分学校希望对准入门槛进行规范，形成区域的联合体，用同一把尺子度量学生。自主招生政策的本质是赋予少部分的学校招生"特权"，但容易使得原本就存在的政策供给和高职院校间发展不平衡更为加剧。要步入良性发展轨道，改革必须正视这个问题，在涉及多群体的各种倾向中寻找平衡点。

再次，利益相关方内部存在矛盾心态。考生对于参加分类考试后丧失选择机会有顾虑，在报考高职院校与普通本科院校之间出现矛盾心理。高职院校分类考试后录取一般安排在普通高考之前，除广东等省份外，考生确认录取后不再参加当年普通高考的招录。这就造成考生必然在职普中做一次选择，而选择的依据就是高中阶段学习成绩和排名。另外，高职院校在提高技能人才选拔的科学性和充分招生之间也存在矛盾心态，这反映了职教高考在承担的人才选拔和吸纳更多生源的开放之间存在功能性矛盾。

最后，各利益相关方改革要求与现行政策之间存在着差距。学生希望深造途径畅通，这样选择职业教育才没有后顾之忧；希望能够获得如职业体验活动这样的有效信息和生涯规划指导，另外希望获得关于志愿填报的技术指导，增加平行志愿数量。省级政府虽然被赋予了招考权责，但希望能进一步统一思想，有更细化、多样化的操作标准，并能从政府获得更多政策倾斜或授权，包括政策资源倾斜或开展试点等。高职院校希望获得更多优质生源，有希望扩大自主命题权力的倾向，但同时也有维护区域内公平招生的诉求，不希望造成对生源的恶性竞争，由此提出联合体、成立专门考试机构的设想，希望政府加强区域内招生制度的维护，同时能体现出区分度；为了能选拔更合适的生源，加强题库建设，提升考试的科学性，还希望获得某些专业开展职业本科或研究生试点的支持。行业企业渴求合格适切的人才，希望能从人才培养阶段前介入考试招生环节。

第 7 章

结论及展望

7.1 结论

当前，职教高考制度实施中存在着选拔定位不精准、职业教育考试评价指导缺失、技能考试评价技术不足等问题，另外，受到生源与教育资源分布和经济发展水平等多重因素的影响，各省份对于推行职教高考改革的热情不一致。而考试招生制度又极端重要且复杂敏感，是教育改革中"牵一发而动全身"的关键环节，必须综合考虑，审慎推进。职业教育事业持续加快发展，近年来取得突破性进展，进入前期政策红利消化期、提质增效换挡期、事业发展攻坚期的新旧叠加期，已经基本告别"参考普通教育做"的时代，走向"依据专门制度和标准办"的改革发展新时代。

职教高考的改革目标应是适应国情和当前的教育治理结构，在教育考试综合改革的总体框架下，构建符合职业教育所培养的技术技能人才的选才规律的人才评价录取制度，在不断开放的教育体系中为学校和学生、职业教育与普通教育双向选择预留空间，使学生能进入更适合自己的专业学习，使院校更容易招录到更合适的生源。职业教育要继续改革发展，真正成为一种类型教育，亟须在关键制度环节取得突破。伴随着教育改革进入深水期，关键制度改革的窗口期已打开。

总结本书内容，主要有以下几方面结论。

（1）多元主体参与职业教育程度虽日趋深入，但未能由培养端向入口端延伸

职业教育天然具有较强跨界属性，教育部门与其他行业部门有着较好的横向协同，国家各行业主管部门深度参与职业教育，建立专门机构、出台专项政策、参与指导教育教学，在教育治理中创造了独特经验，取得了很好的效果。但这一经验未能在入口端延伸，利益相关者在职业教育的入学环节存在"集体失语"的现象，同时，职业教育与区域经济联系紧密，社会行业需求传递到地方有信息衰减，并不能完全反映地方的需求，造成了行业的人才需要无法得到真正反馈和回应。

（2）技能考试是考试制度改革和往前推进亟须解决的关键"堵点"

考试是当前选拔人才的基本方式，通过教育测量的功能实现资源分配的目的。相较于职业教育所承担的社会功能，目前尚未完全建立起与职业教育作为类型教育地位匹配的考试招生制度。在考试功能上，当前职教高考一定程度上已经失去选拔功能，仅保留"选择渠道"。扩招后专科层次高职教育资源已不再稀缺，需求转而向更高学历层次聚集。在招生制度上，专科批次多年来列居本科招录之后，职业教育对学生没有选择权，仅有"兜底权"，不利于职教事业发展。总体上看，评价方式仍然依附于普通高考，未能建立适应生源种类多样化、招生办法多元化发展需要的"文化＋技能"考试评价体系。

（3）招生制度改革亟须突破录取批次的限制，当前采取的突破方式中有高本贯通培养的点上突破

当前各地的探索已从传统的"3+2"和五年一贯制发展出多种中高职、高职本科贯通的模式，这种贯通的形式由于有来自学生和用人单位的旺盛需求，成为当前职教高考改革六类模式中各地探索最为着力的方向，但在改革中也面临学生身份认同、学位授予、用人单位认可度的问题，在考试招生环节需要着重考虑转段环节的淘汰率。应考虑将其取代分类考试成为职业教育选拔人才的主要模式。

（4）高职分类考试探索虽早，但伴随职业教育群体开放，相关实践经验缺乏总结提炼，需要与时俱进

历经探索、改革、完善三个时期，当前的改革已经取得了阶段性进展。国家层面元政策体现出考试规模逐渐扩大、群体进一步开放，中央向地方放权、省级政府和高职院校的自主权不断加强，考试形式从单一走向多元，入学途径不断丰富，考试组织不断完善等特点。各地分为三个批次纷纷跟进，与国家政策形成"政策原汤"，亮点纷呈。省级层面政策扩散呈现跟从特征，创新动力不强，政策工具尚不丰富，各利益相关方改革要求与现行政策存在差距，且其关键问题在于技能评价制度体系尚未建立。

7.2 展望

7.2.1 多元参与共治，完善职教高考运行机制

考试设计、招考运行均受到培养体系的上位概念支配，即需要结合类型教育的特征回答"为什么考""考什么人""如何考""谁来考""考什么"的问题。要使职教高考不再依附于普通高考，建立完善职教高考的制度体系，需要构建一套完善的考试招生制度运行机制。相应地，也需要这一机制中各相关利益主体在制度约束下从他治走向一定程度的自治。

根据治理体系现代化的要求，本书提出"教育治理框架体系"分析框架，提高高等职业教育评价中利益相关者的参与度，对治理主体进行合理的权力配置，试图构建与多元评价理论对应的高等职业教育多元治理体系。

考试改革的外部动力是社会需要，内部动力则是人的持续提升需求。在运行机制中，考试的权威性不应由政府完全垄断，而应动员和鼓励多元主体参与考试评价，并提供参与渠道；由多元主体协商分配，以促进公平和科学选才。本书在表 3-5、表 6-5、表 6-8 和表 6-9 的基础上，综合对学生、政府、高校、考试机构、用人单位、行业企业和行业组织各主体的调研结论，整合系统内外部需求，并将其与当前政策形式进行比对，归纳各利益主体的责任，形成教育治理中的职教高考各主体及其责任框架表（见表 7-1）。

表 7-1　教育治理中的职教高考各主体及其责任框架表

主体 ＼ 责任	事前 形成共识	事中 考试招生	事后 培养使用
国家部委	确定评价目标和原则，设置专业目录，宏观指导，监督协调，允许试点	明确文化和技能考试类型，提供政策清单	提供政策和资源
地方政府	确定具体考试方案，编制招生计划，指导开展，开展试点	组织文化考试，投档	支持
高职院校	提出拟招生专业	开展自主招生	联合开展人才培养
学生	提高知识能力素养，构建合理专业预期，参与职业体验活动	报名，参加考试	主动适应，明确职业方向，渐进决策
用人单位	提出人才需求	技能测试、评价	联合开展人才培养
行业企业和行业组织	预测行业人才需求规模结构	技能测试、评价	指导，监督，服务
专业考试机构	建设题库	提供考试服务，阅卷	提升
第三方社会组织		监管，协商	服务，反馈，建议

　　国家层面确定考试原则，确定人才培养的目标，并由此确定评价目标、提出考试基本要求及标准。地方政府对本地区教育资源丰富程度与施考和应考对象进行全面分析，提出满足考试目的和符合应考对象实际的考试方案，选择合适的政策工具，编制计划，确定考试的方法、程序和手段，投入考试成本。省级教育考试机构牵头组建行业技能测试联盟，加强跨部门合作。学校和行业组织自主命题，细化提出知识、能力和素质各要素的检测指标。学生全面提升，主动应考，积极了解入读专业并在全周期建立职业预期。政府不再作为单一主体进行全面管理，而是融入多元主体的多种利益表达，重在构建制度框架，以此来保障组织形态的变革。这里至少应包括学生的积极主动适应、学校的自主招生、专业考试机构提供的支持、

行业组织的人才需求表达、企业开展的技能评价等。

在权力配置问题上，最关键的是要实现政府与社会的分权合治，既有集权，也有适度分权（见图7-1）。在考试计划分配环节仍然采用集权管理，因计划分配资源高度集中，具有权威性和制约性等特点。在具体达成分配的过程分权共治，形成利益分配和责任分担机制。在运用公共权力进行管理过程中，必须以公共利益实现为目标，以公共组织为依托，让公共权力的运用过程接受公众监督。伴随每一轮考试运行，新的社会需求得到表达，运行过程得到反馈，并借由吸收了深造、就业选择的新的考试目的进行重新迭代。

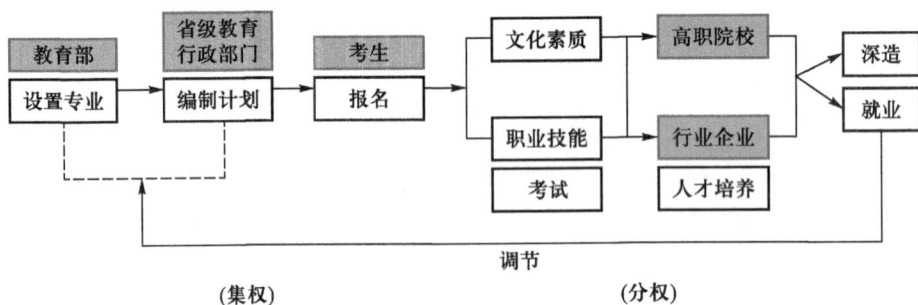

图7-1　政府管理集权—分权示意图

7.2.2　加强技能评价，构建高等职业教育"文化—技能"评价体系

考试是选拔人才的基本方式，具有教育测量的功能，要充分体现职业教育的类型特色，首先需构建具有中国职业教育特色的"文化—技能"评价体系。

职业教育生源种类丰富，入学方式多元，职业教育考试招生制度作为高职院校选拔学生的输入机制，其制度结构和运行规则须适应高等职业教育规模和质量发展的需求，针对职业教育类型教育的特点，创新职业教育人才评价方式，构建适应类型教育要求的考试评价方式。

在技能考试中应引入社会考试评价，根据专业需要，科学合理确定技能和文化的比例，提升考试的科学性。可参考借鉴"一核四层四翼"中国高考评价体系^①，建立具有职业教育鲜明特色的"文化—技能"评价体系（见图 7-2）。需要系统回答用什么内容来测试技术技能人才所需的文化知识与专业技能、依据什么分配两者之间的权重并设计考试科目和内容、职业技能测试如何能反映考生真实的技能水平等问题。

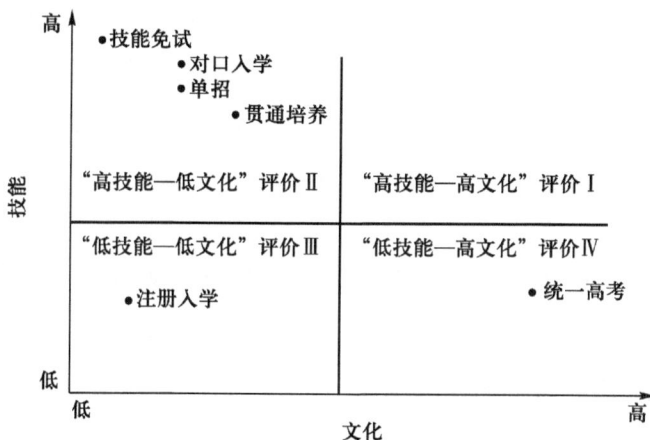

图 7-2　构建完善具有中国高等职业教育特色的"文化—技能"评价体系

　　职业教育要向企业社会参与、专业特色鲜明的类型教育转变。行业参与指导应在人才培养的环节向前延伸，以专业大类为单位进行考核和评价的指标构建，从而让行业企业深度参与，与学校共同构建职业技能的评测体系。在此基础上组织以该专业大类中共性专业基础课为基本内容的技能测试。施考由专业考试机构组织，从命题、专业化考点、评测等方面进行保障，提升考试的信度与效度。评价模式由当前的Ⅲ、Ⅳ区域的"低技能—低文化""低技能—高文化"向Ⅰ、Ⅱ区域的"高技能—高文化""高技能—低文化"聚集。借鉴山东、福建等地的经验，由省考试院统一组织技能测试具有较

① 教育部考试中心. 中国高考评价体系［M］. 北京：人民教育出版社，2020.

好的可行性。对于题库建设和评价，可以考虑纳入相关行业企业，提升职业技能考核权重，由考试院介入，确保测试效果科学性，确保其实际分值达到总成绩的 50% 以上。

7.2.3 改革录取制度，构建普教与职教并行的招录制度体系

招录制度的本质是完成院校和考生之间的信息匹配。单招、分类考试都是对于当前统一高考制度的点上突破。当前的录取制度中考生按总分从高到低分成若干分数段，各高校根据考生所填志愿顺序择优录取，优先本科批次，之后专科批次。这种依附于普招"段段清"的录取方法是高等职业教育发展的重要制度障碍。属于职业教育的统一安排的录取名额分配制度在国家层面尚处于缺失状态，亟需取得创新突破。

除了福建和浙江等地，多数省份的现状仍然是考试环节同步进行，录取环节先本后专，即同时考试、分批录取，并且仅以文化分数作为分档依据，这种录取制度对于职业教育改革发展非常不利。招录模式制约着职业教育入口的生源质量，进而影响人才培养质量，同时受到来自劳动力市场的负面反馈，无法形成良性循环。

当前招录制度维持了几十年，有强大的制度惯性，虽然在本科层次近几年各地改革力度不同、程度有所加大，很多地区已将本科批次合并，不再区分一、二、三本或普通、重点，但其探索止步于本科批次内部，没有涉及本专科批次设置这一更为根本的问题。调研显示，职业教育需求层次高移是历次工业革命以来世界各国职业教育发展的必然趋势，利益相关者也都具有不安于现有学历层次的需求。我国高职院校生源冷热不均具有结构性差异特征，虽然有少量办学水平高的高职院校生源充足且质量较高，有的学校录取分数线 90% 甚至全部在本科线以上，但部分民办及偏远地区的高职院校仍遭遇生源危机，且差距在持续扩大。这在客观上造成了优质高职院校升格冲动强烈，较低水平高职院校争夺生源成为"兜底选项"

的现状，这是录取批次的差别在信息匹配环节的体现。这种安排既不利于科学选才，又难以体现公平，既限制了高校录取新生的选择余地，抑制了高校招生的积极性，同时也不利于考生发展兴趣爱好。从各地实践看，在高职院校招生时安排少量本科批次计划受到广泛欢迎，这也是山东省改革的"破冰点"。但受制于现有政策约束，止步于从本科批次中划取部分指标，有试点的性质，难以大规模复制。将"特区"固化成"结构"，还需要来自职教体系建设和考试制度改革两方面制度合力的强力支撑。

顺应社会和考生的需求进行改革，建立独立的高等职业教育招生考试体系，首先需要构建新型生源遴选创新路径以及与之对应的录取名额分配制度。现有的制度难以承载职业教育大改革大发展的需要。职业教育与普通教育的"同等重要"，首先应体现在关键制度"同等重要"，至少不受歧视。只有筛选出适合的生源进入高职院校接受适合的教育，建立普教、职教双轨并行的考试招生制度体系，并行有效、互通有无、区分选拔，作为两种类型人才培养的两根支柱，才有可能真正提升考试制度这一教育领域关键环节的治理效能（见图7-3）。

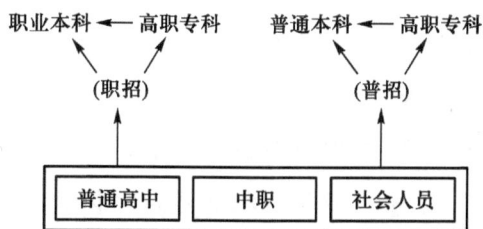

图 7-3 普教与职教并行的考试招生制度体系框架构想

7.2.4 深化实践改革，在职业教育一体化培养实践中完善制度设计

制度建设是一个制定制度、执行制度并在实践中检验和完善制度

的过程。职业教育一体化人才培养是加快构建现代职业教育体系，不断增强职业教育适应性的重要途径。近年来，为适应经济社会快速发展对高素质技术技能人才的需要，满足学生及家长对成长成才多元途径的需求，各地积极探索各类长学制人才培养，其中以中高职贯通培养实施最为广泛，取得了良好成效。职教高考制度作为中高职贯通、中本贯通、高本贯通等各类型职业教育一体化人才培养过程中转段环节的关键内容，受到广泛关注。在一定程度上，考试转段制度设计直接影响职业教育一体化人才培养成效，如考试难度低，会导致学校、教师和学生认为已经"进保险箱了"，对教学重视不够；如考试方式与普通高考类似，会导致职业教育一体化培养无法真正落地、"升学班"大量存在、技术技能培养类型特色不突出等。

目前中高职一体化培养过程中关于考试组织、转段实施，基本是由高职院校和中职学校共同开展，且高职院校把握主导权。关于考试内容，主要是文化课考试和职业技能考试，如吉林省规定职业技能测试分值占比不少于总分值的1/3。对于转段考试未通过或放弃转段考试的学生，大部分省份均在符合毕业要求的前提下，为学生颁发中职阶段毕业证书。整体上，在职业教育一体化人才培养中，职教高考的制度设计尚不完善，且制度执行设计存在操作盲点，规范性有待进一步提升。

为进一步加强和完善职业教育一体化人才培养管理，结合学生身心发展特点，切实增强职业教育的适应性，提高学生自主选择职业教育的积极性，要进一步完善职业教育一体化人才培养的招生方式。各地应根据市场需求布局、办学条件等，统筹核定、下达职业教育一体化招生计划。例如，让举办中高职一体化培养的学校从当地初中毕业生升学考试的考生中优先录取学生，发挥优质普通高中和优质中等职业学校招生名额合理分配的导向作用。健全对初中毕业生实施一体化培养的考试招生办法，市（区）招生考试管理部门统一组织考生填报志愿、成绩审核与招生录取。要积极创造条件，为普通高中在校生转入中等职业学校学习提供渠道。对于中高职一体化培养模式下的学生，完成中等职业教育阶段学习任务并达到相关要求后，可通过相关体现职业教育类型特色的考核方式，进入高等职业教育阶段学习。同时，应给予学生充分自主权，在其完成中等职业教育阶段培养任务后，通过省级高等学校招生委员会组织的考试或经其授权的高等职业学校组织的考试的，可被有关高等职业学校录取就读。依据学生个人意愿，允许学生在完成中职教育后选择毕业退出贯通项目，由学籍所在学校办理相应学段毕业证书，毕业后学生不再具有贯通一体化培养资格。

同时，要进一步重视职业教育一体化培养过程中转段升学考试评价设计与实施。建议各省份统一组织转段考试环节的考核测评，重点评价学生通用能力和技能水平。文化课考试由省级教育行政部门统一组织实施，也可使用学业水平测试成绩；通用能力和技能水平测试由省级教育行政部门统一指导，由高职院校或本科院校组织实施。对于评价合格的学生，继续下一阶段学习；对于不合格的学生，完成相应的上一阶段课程且达到上一阶段毕业条件的，可颁发上一阶段毕业证书，保留上一阶段毕业生的考试、升学和就业权益。

7.2.5　支撑多元发展，引导社会理性选择"适合的教育"

普职分流是教育分流的重要类型，也是现代职业教育体系建设的重要举措，受制于以往职普融通机制不健全、职业教育社会认可度不高等原因，社会上出现了不同的解读，而备受家长和学生关注。近些年，随着我国经济与社会的不断发展、产业与技术的迅速迭代以及人口结构与教育供给的持续变化，健全职普融通机制迫在眉睫。2022 年新修订的《中华人民共和国职业教育法》强调"职业教育与普通教育协调发展"相关内容修订的主要目的是为了进一步凸显对各类教育的均衡发展。如前图 7-3 所示，当前，中考之后学生面临两种选择，即普职分流，一是进入普通高中，参加普通高考，可以升入普通本科，然后考硕、考博，接受系统化的普通高等教育；亦可升入高职院校，然后专升本升入普通本科，再考研、考博，从职业教育转入普通教育体系。二是进入中等职业学校，一种是进入中专或职高，通过职教高考、对口招生、中高贯通、中本贯通、技能免试等升学途径，进入职业本科学校或高职专科学校，再选择专升本或考研，接续完成专业硕士、博士阶段学习；另一种是进入技工学校，接受以就业为导向的技工教育。

通过上述分析可见，现代职业教育体系为普职分流后学生的分类成才预留了多元化上升途径，切实将"以人为本"的理念贯穿始终。但在各类型、各层次教育之间进行升档、转换，将"以人为本"的路径设计付诸实践，需要完备的招生考试制度做支撑。相较于相对成熟的普通教育考试制度来说，职业教育考试制度亟须进一步完善和落地。一方面，在职业教育类型体系内，要遵循技术技能人才培养规律，提高职业教育考试节点和流程的灵活性，突出职业考试内容的技能性，强化考试方法的适应性等，体现职业教育类型特征。另一方面，要将职业教育考试制度设计作为职业教育与普通教育的结合点，一是在职业教育培养和考试制度设计中，考虑学生后续转型发展的需求，如中职阶段在突出技术技能培养的同时，不能完全忽视公共课程的培养和综合素养的提升，注重公共基础课程标准的开发与执行，关注知识性与技术性的融合，同时积极推进中本一体化、高本一体化人才培养改革。二是在职业教育考试制度设计中关注与普通教育考试制度的对接，如在中职阶段，以职普融通为导向，在培养形态上推进综合高中建设，在课程设计和考核过程中，关注语文、数学、通用技术等公共课程建设。三是深化学分制改革，强化职业教育考试结果的应用，推动职普之间课程和学分互认。

7.2.6 加强制度供给，通过政策重组重构提升治理效能

加强制度供给，建立与职业教育作为类型教育地位相适应的考

试招生制度有两条路径。

一是进行政策重组，调整并融合现有的分类和贯通模式。

支持普通高校面向办学水平较高的高职院校单独组织招生，通过"文化 + 技能"考试择优录取，专业范围限定在行业特色鲜明且社会急需的专业内，授予成人学位。

注重强化省级考试机构的考试评价职能，特别是选考科目的命题考试、成绩处理、招生协调等职能。按照招考分离的原则，成立专业的考试招生服务机构，组建统一的职业技能测试平台，在技能测试中引入社会化考试，推进考试评价专业化。鼓励地方因地制宜出台认定政策。加强招生计划管理，优化招生录取办法，在"文化 + 技能"评价体系下，由相关主体完善文化和技能考试的内容、科目，提高职教高考考试评价的科学性。

充分发挥地方政府发展高等职业教育的积极性，为地方政府根据省情创造性地推进改革提供政策保障，根据教育资源和学生数量多少、院校对生源挑选余地大小、区域产业经济专业聚集情况等确定本地区考试改革实施方案，允许地方自行确定适合高本贯通的招考方式和评价方式，由地方样本催化完善顶层设计，如图 7–4 所示。

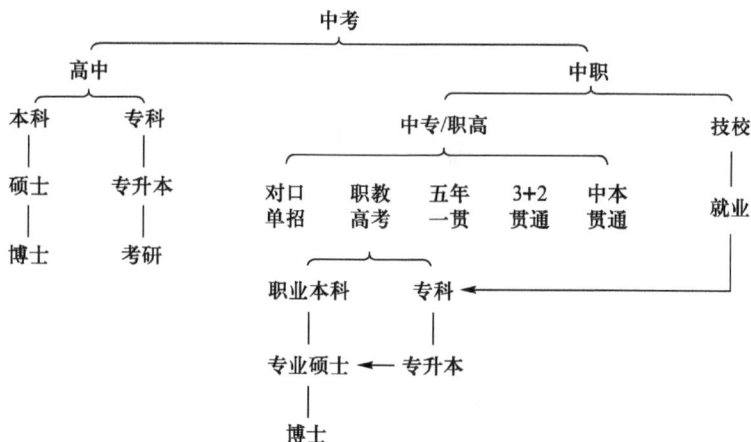

图 7–4　考试招生政策顶层设计示意图

二是进行制度重构，改造成人高考，构建高等职业教育考试招生体系。

把成人高考单独的考试和计划编制系统改造为职业教育单列、与普教并行的一套系统，将成人高考改造为职教高考的一种形式。

两者涵盖范围和事权高度重合。成人高考和普通高考、研究生考试、自学考试并列为四大国家教育考试，普通高等学校本科入学考试由全国统一组织，高等职业教育入学考试和成人高等教育招生办法均由各省份确定，在考试招生制度方面，两者具有相似的事权结构。高职院校考试招生自主权下放后，主要由省级教育行政部门统一规划，按照教育规划纲要的要求，成人高考也将主要由省级统筹。成人高考与职教高考的文化素质测试有相同的功能，面向对象也有较大重合，成人高考定位在为在职从业人员服务，与职教高考日渐扩大的社会生源重合。

两者考试功能一致，具有转型基础。成人高考系统成熟、计划单列，且已完成历史使命，亟待转型。教育内部形成了"成人—普通"两套稳固的体系。当前成人高校、成人高考、成教专业，是相对于普通高校、普通高考、普教专业的一套独立运行体系。成人高考国家统考科目是语文、数学、外语等，具有考试大纲，建立了题库和常模，有一套成熟的运行机制，在此基础上接入技能考核内容相对比较容易。从近几年继续教育专业设置的情况看，活跃的独立设置的成人高校数量在持续锐减，成人高考题库更新也面临压力，继续教育改革也面临着寻求新的定位的问题。

改造成人高考为职业教育人才选拔通道是职继融通的重要途径。其实，成人教育的诞生就孕育着现代职业教育的概念，有为工人提升学历、培养技术的社会功能。随着历史的推移，对职业人才进行培养的任务就由成人教育转向了职业教育，因此借鉴这一制度体系进行职教人才的培养选择有先天基础。职业教育并非独立于成人教育以外的板块，二者的重叠与合作是教育资源整合的趋势，也可成为高等教育、职业教育、继续教育三者融合的突破口。成人教育的内容具有职业教育属性，职业教育有时以成人教育形式来实施，如传统的职业培训、扩招后社会生源接受职业教育。各地开展的各种专插本、专转本、专接本等教育形式也显示出旺盛的需求。

为学位授予的问题提供新的解决思路。成人高考的文化素质考试由各省份组织进行，技能测试可引入社会化考试，借鉴职业技能等级证书中职业能力评价相关结果对职业技能考试进行评价，按照专业大类构建"文化—技能"评价体系，建立科学的职教高考制度。职教高考和成人高考的事权主要在地方政府，招生计划管理也在地方政府，因此这一改革需要充分调动激发各地方的积极性，发挥行业优势协同推进。另外，改革从理论设计到技术试验和实践运行，都有相应的协调成本和试错风险，建议由各省份自主开展，从试点做起，结合学位授予等环节统筹考虑。

职教高考改革，不是要走普通高考的自上而下的供给主导型制度的路，而是要形成适应职业教育发展需要、具有职教特色的路。新时代的职教高考制度，应与职教体系的教育教学、就业制度相适应，还应给考生的知识、能力、素质以正确的评价。无论选择哪条路径，都需要加强资源供给，增强职业教育吸引力，发展本科层次职业教育，扩大优质专业供给，在中高本专业目录编制时，同步开发专业选考科目指南。通过多方协同治理，共同推进职教高考的制度结构和功能逐步成形成熟，建成具有中国特色的现代职业教育考试招生制度体系，以关键制度改革为标志，助力推动职业教育改革发展进入新的历史阶段。

参 考 文 献

［1］刘海峰.高考改革论［M］.杭州：浙江教育出版社，2013.

［2］翟天山.教育评价学［M］.北京：高等教育出版社，2003.

［3］怀进鹏.国务院关于考试招生制度改革情况的报告［R］.北京：第十四届全国人民代表大会常务委员会第六次会议，2023年10月21日.

［4］谢维和.教育活动的社会学分析［M］.北京：教育科学出版社，2000.

［5］陈振明.公共政策分析导论［M］.北京：中国人民大学出版社，2015.

［6］弗里曼.战略管理：利益相关者方法［M］.上海：上海译文出版社，2006.

［7］教育部考试中心.中国高考评价体系［M］.北京：人民教育出版社，2020.

［8］孙海波.深入学习贯彻党的十九届四中全会精神，全面深化高考内容改革［J］.中国考试，2020（1）.

［9］柳博.新高考制度改革的现状与思考：制度变迁的视角［J］.中国高教研究.2020（1）.

［10］刘海峰.新高考改革网络中的利益博弈和治理策略——基于政策网络理论的视角［J］.中国教育学刊.2020（9）.

［11］徐晔，黄尧.人工智能与高等职业教育的关系探究［J］.中国职

业技术教育 . 2020（14）.

［12］徐国庆 . 作为现代职业教育体系关键制度的职业教育高考［J］. 教育研究，2020（4）.

［13］孙善学 . 完善职教高考制度的思考与建议［J］. 中国高教研究，2020（3）.

［14］陈秋明 . 人工智能背景下如何建设世界一流职业院校［J］. 高等工程教育研究，2018（6）.

［15］瞿振元 . 建设中国特色现代考试招生制度［J］. 教育研究，2017（10）.

［16］瞿振元 . 努力建设中国特色现代考试招生制度［J］. 中国考试，2017（5）.

［17］姜大源 . 现代职业教育体系构建的理性追问［J］. 教育研究，2011（11）.

［18］蒋丽君 . 对高等职业教育考试招生的若干思考——以新高考改革为视角［J］. 中国高教研究 . 2016（7）.

［19］张亚群 . 高校统一招生考试制度 40 年发展趋势解析［J］. 陕西师范大学学报：哲学社会科学版，2017（4）.

［20］刘芳 . 百万扩招下的"职教高考"制度构建研究［J］. 中国职业技术教育，2019（31）.

［21］刘欣，冯典钰 . 职业教育"技能高考"政策的执行力分析——以湖北省为例［J］. 教育研究与实验，2015（3）.

［22］王乐，林祝亮 . 浙江省技能高考的问题及对策研究——以电子电工类为例［J］. 河南科技学院学报，2018（8）.

［23］赵跃忠 . 技能高考技能操作测试模型与试题库建设研究——以湖北省机械大类技能考试为例［J］. 武汉船舶职业技术学院学报，2019（1）.

［24］王磊，赵芳芳 . 高等职业院校分类招考背景下的学生学业早期预警研究［J］. 中国职业技术教育，2017（32）.

［25］尹达，陈理宣．从考试大国到考试强国：面向 2035 的高考现代化策略［J］．中国考试，2020（2）．

［26］赵志群，黄方慧．"职教高考"制度建设背景下职业能力评价方法的研究［J］．中国高教研究，2019（6）．

［27］梅彪．技能高考试点存在的问题及建议［J］．职教通讯，2015（11）．

［28］苏华．建议增加设置面向中职生的职教高考［J］．新课程研究，2016（3）．

［29］徐国庆，石伟平．中高职衔接的课程论研究［J］．教育研究，2012（5）．

［30］董照星，袁潇．改革开放 40 年我国高等职业教育对口招生改革探析［J］．教育与职业，2019（4）．

［31］葛新斌，付新琴．新中国高考制度变革 70 年：回顾与前瞻［J］．华南师范大学学报（社会科学版），2019（11）．

［32］Susan L. Shirk The political logic of Economic Reform in China. Berkely: University of California Press, 1993.

附录 A 专业选择满意度调查问卷

一、测量 Y 的指标"满意度、一致性、更换意愿"

1. 现在，你就读的专业是？

（1）农林牧渔大类 （2）资源环境与安全大类

（3）能源动力与材料大类 （4）土木建筑大类

（5）水利大类 （6）装备制造大类

（7）生物与化工大类 （8）轻工纺织大类

（9）食品药品与粮食大类 （10）交通运输大类

（11）电子与信息大类 （12）医药卫生大类

（13）财经商贸大类 （14）旅游大类

（15）文化艺术大类 （16）新闻传播大类

（17）教育与体育大类 （18）公安与司法大类

（19）公共管理与服务大类

2. 现在，你对所学的专业满意吗？

（1）十分满意 （2）满意 （3）无所谓满意不满意

（4）不满意 （5）很不满意

3. 入学以来，你感觉所学专业与之前了解相比差异如何？

（1）完全一致 （2）基本一致 （3）不好说

（4）不一致 （5）完全不一致

4. 你羡慕别人的专业吗？

（1）十分羡慕 （2）有点羡慕 （3）不羡慕 （4）不确定

5. 你最期望学习的专业所在大类是？

（1）农林牧渔大类 （2）资源环境与安全大类

（3）能源动力与材料大类　　　　（4）土木建筑大类

（5）水利大类　　　　　　　　　（6）装备制造大类

（7）生物与化工大类　　　　　　（8）轻工纺织大类

（9）食品药品与粮食大类　　　　（10）交通运输大类

（11）电子与信息大类　　　　　　（12）医药卫生大类

（13）财经商贸大类　　　　　　　（14）旅游大类

（15）文化艺术大类　　　　　　　（16）新闻传播大类

（17）教育与体育大类　　　　　　（18）公安与司法大类

（19）公共管理与服务大类

6. 如果有可能，你想在本专业续本或读研究生。

（1）完全一致　　　（2）基本一致　　　　（3）不一致

（4）不好说　　　　（5）完全不一致

7. 你对转专业的看法是?

（1）学业发展良好，不想转专业

（2）如有可能想转专业，但尚不满足条件，机会很小

（3）如有可能想转专业，机会很大

（4）没有更想转入的专业

（5）没有考虑过

8. 入学以来你对专业学习的整体感觉是（　　　）。

（1）很适应　　　（2）比较适应　　　　（3）勉强跟得上节奏

（4）完全跟不上

9. 入学以来你对所学专业硬件条件的感觉是（　　　）。

（1）很满意　　　（2）比较满意　　　　（3）还可以

（4）不太满意　　　（5）不满意

10. 入学以来你对所学专业师资水平的感觉是（　　　）。

（1）很满意　　　（2）比较满意　　　　（3）还可以

（4）不太满意　　　（5）不满意

二、测量家庭因素相应指标"父母、亲戚朋友对职业选择的影响 (x_1)"

11. 你选择当前专业,主要听取了谁的意见?

（1）父母　　　（2）亲戚或朋友　　　（3）老师

（4）自己　　　（5）媒体　　　　　　（6）其他

12. 你的父母从事什么职业?

（1）国家与社会管理者　　　　　（2）经理

（3）私营企业主　　　　　　　　（4）专业技术人员

（5）办事人员　　　　　　　　　（6）个体工商户

（7）商业服务业　　　　　　　　（8）产业工人

（9）农业劳动者　　　　　　　　（10）无业、失业、半失业

13. 你的父母文化程度?

（1）小学　　　　（2）初中　　　　（3）高中

（4）大学本专科　　（5）硕士研究生　（6）博士研究生

14. 你的家庭所在地为（　　　）。

（1）农村　　　（2）县城　　　（3）小城市　　　（4）中等城市

（5）大城市

15. 你经常和父母探讨自己的专业选择。

（1）经常　　　（2）有时　　　（3）偶尔　　　　（4）从不

16. 对父母从事的职业有何感觉?

（1）羡慕　　　（2）骄傲　　　（3）不屑　　　　（4）尴尬

（5）没感觉

17. 你会和有经验的亲友探讨自己的专业选择。

（1）经常　　　（2）有时　　　（3）偶尔　　　　（4）从不

18. 自己的兴趣、能力等,与父母或亲戚所从事职业有关联。

（1）完全一致　　　（2）基本一致　　　（3）不一致

（4）不好说　　　　（5）完全不一致

三、测量自身因素相应指标"对爱好和能力的认识 (x_2)"

19. 你在高中阶段学习成绩在班级排名？

（1）前 20%　　　　　（2）前 20%～40%

（3）前 40%～60%　　（4）前 60%～80%

（5）后 20%

20. 你所读的高中类型是（　　　）。

（1）省级重点高中　　（2）市级重点高中　　（3）普通高中

（4）中职学校　　　　（5）技工学校

21. 你在读高中（或中职、技工学校）时很确定将来自己要干什么。

（1）很确定　　　　　（2）不太确定　　　　（3）比较模糊

（4）完全不确定　　　（5）没概念

22. 现在，你有明确的职业目标。

（1）很确定　　　　　（2）不太确定　　　　（3）比较模糊

（4）完全不确定　　　（5）没有概念

23. 现在，你在班上的学习排名是？

（1）前 10%　　　　　（2）前 10%～20%

（3）前 20%～30%　　（4）前 30%～40%

（5）前 40%～50%　　（6）前 50%～60%

（7）后 40%

24. 你对接下来的专业学习较有自信。

（1）很有自信　　　　（2）较有自信

（3）不太有自信　　　（4）没有自信

25. 你对接下来的专业学习有较强的学习动力。

（1）较强　　　　　　（2）一般

（3）没什么动力　　　（4）不好说

26. 你喜欢学习的过程吗？

（1）很喜欢　　（2）偶尔体会到乐趣　　（3）不喜欢

（4）完全不喜欢

27. 你的选择得到了家人的支持。

（1）非常支持　　　（2）比较支持　　　（3）不太支持

（4）反对　　　　　（5）没有明确态度

28. 你比较了解学习专业后的主要就业去向。

（1）很了解　　　　（2）了解一点　　　（3）不太确定

（4）不想了解　　　（5）无所谓

29. 你对将来的工作岗位充满期待。

（1）充满期待　　　（2）比较期待　　　（3）没什么感觉

（4）感到迷茫　　　（5）其他

30. 如果你的分数再高一点，你会选择更好的学校，但还是相同的专业领域。

（1）完全一致　　　（2）基本一致　　　（3）不一致

（4）不好说　　　　（5）完全不一致

31. 如果你的分数再高一点，你会选择本校的其他专业。

（1）完全一致　　　（2）基本一致　　　（3）不一致

（4）不好说　　　　（5）完全不一致

四、测量社会因素相应指标"对工作性质和环境的了解 (x_3)"

32. 你曾参加过相关职业体验活动。

（1）经常参加　　　（2）偶尔参加　　　（3）参加过

（4）没有参加　　　（5）没有听过

33. 你曾在媒体上接触过所学专业领域喜欢或向往的人和事。

（1）经常看到　　　（2）偶尔看到　　　（3）看到过

（4）没有留意

34. 对你来说选专业和确定职业的关系是?

（1）完全相关　　　（2）有一定相关　　　（3）完全不相关

（4）不确定　　　　（5）走一步看一步

35. 你主要是从哪个渠道获得关于专业和职业的信息的?

（1）学校网站　　　　（2）求职网站　　　　（3）专业媒体

（4）微信公众号等自媒体

（5）入校招生宣讲会或职业体验活动

36. 在做选择时最困扰你的因素是什么?

（1）学校就业指导不够　　　（2）对职业岗位缺乏了解

（3）填报志愿技巧欠缺　　　（4）能力不足

（5）对自己了解不够　　　　（6）其他

37. 是否有继续就读本科和攻读研究生的计划?

（1）有　　　　（2）没有　　　　（3）没想过

五、测量其他因素相应指标"(x₄)"

38. 在本专业毕业后较容易找到工作、减轻家里负担是你选择的原因之一。

（1）完全一致　　（2）基本一致　　（3）不一致

（4）不好说　　（5）完全不一致

39. 选择这个专业主要是看中（　　　）。（可多选）

（1）就业环境　　（2）职业发展　　（3）社会地位

（4）其他

40. 选择这个专业主要是喜欢该专业技术技能，有个人成就感。

（1）完全一致　　（2）基本一致　　（3）不一致

（4）不好说　　（5）完全不一致

41. 学校名称：＿＿＿＿＿＿＿＿＿＿＿＿＿

42. 性别

（1）男　　　　（2）女

附录 B 访谈提纲（职业院校）

时间：＿＿＿年＿＿月＿＿日　　　被访谈者：

1. 您所在的学校目前采用的考试形式占比最高的是？（统一高考、综合评价招生、单独考试招生、面向中职毕业生的技能考试招生、贯通培养、技能拔尖人才免试招生）

2. 从入学情况来看，学生是否能适应教学要求？是否为学校选拔到了合适的生源？

3. 生源质量近几年是否有所下降？

4. 您认为高职院校自主命题并组织考试效果如何？是否应该推广？

5. 高职扩招后社会生源的职业适应性测试是如何开展的？

6. 您认为职业教育考试招生制度是否充分体现了职业教育的类型特色？

7. 您认为职业院校自主命题是否科学，有哪些方面可以改进？

8. 您认为学生被高职院校录取后，是否仍可以参加统一高考，保留给学生二次录取的机会？所在省份现在是怎么做的？

9. 您认为现在高职院校招录学生存在什么困难？

10. 您认为职业院校在考试和招生环节的制度设计是否适应人才选拔需求？

11. 您是否支持提前普职分流？

12. 您对考试招生制度改革评价如何？是否更有利于学校选拔人才，或有利于学生结合条件选择合适的高校和专业？

13. 教育部自 2013 连续出台关于职业教育分类考试的文件，各省也出台了关于高职分类考试的相应实施办法。您认为这将对职业教育发展有什么影响？成效如何？

14. 您认为现行职业教育考试招生制度存在的问题是什么？

15. 总体看，您学校学生续本等深造意愿是否强烈？当前的制度是否适应本科层次高职院校选拔生源？

16. 对于招生考试制度，您认为还有哪些需要进一步解决的问题？或其他意见建议。

附录 C 各省份职业教育贯通、衔接培养有关情况调研提纲

一、中职毕业生规模及升学、就业情况

单位：人

年份	中职毕业生规模	升学				就业数量
		升学总数量	其中：高职专科	其中：职业本科	其中：普通本科	
2020						
2021						
2022						

二、高等教育招生总规模及其中中职毕业生、普通高中毕业生、社会生源情况

单位：人

年份	高等教育招生总规模	招生总规模（专科层次）				招生总规模（本科层次）			
		招生总规模	其中：招收中职毕业生数量	其中：招收普通高中毕业生数量	其中：招收社会生源数量	招生总规模	其中：招收中职毕业生数量	其中：招收普通高中毕业生数量	其中：招收社会生源数量
2020									
2021									
2022									

注：本科层次包含职业本科、应用型本科、普通本科

三、开展贯通、衔接培养的中职学校、高职院校、本科学校数

单位：个

年份	开展中高职五年一贯制（含高职五年一贯制、五年制"3+2"分段培养贯通形式）	开展中高职衔接的中职学校数（含分段培养各类形式）	开展中本衔接的中职学校数（含分段培养各类形式）
2020			
2021			
2022			

单位：个（本科）

年份	开展中高职贯通（高职）院校数（高职）	开展中高职衔接院校数（高职）	开展中本贯通学校数（本科）			开展中本衔接学校数（本科）		
			其中：职业本科	其中：应用型本科	其中：普通本科	其中：职业本科	其中：应用型本科	其中：普通本科
2020								
2021								
2022								

注：衔接和贯通的区别在于，贯通培养采用一体化培养模式，衔接培养采用分学段衔接模式

四、中高职贯通专业和招生情况

单位：个

年份	中职招生专业点总数	中高职贯通专业点数			
		中高职贯通专业点总数	其中：五年一贯制专业点数	其中：五年制"3+2"分段培养贯通形式专业点数	其中：其他学制贯通形式专业点数
2020					
2021					
2022					

单位：人

年份	中职招生数	中高职贯通招生数			
		中高职贯通专业招生数	其中：五年一贯制专业招生数	其中：五年制"3+2"分段培养贯通形式专业招生数	其中：其他学制贯通形式专业招生数
2020					
2021					
2022					

五、中高职衔接专业和招生情况

单位：个

年份	中职招生专业点数		高职招生专业点数		中高职衔接专业点数	
	招生专业点总数	其中：开展中高职衔接专业点数	招生专业点总数	其中：开展中高职衔接专业点数	其中："3+2"衔接专业点数	其中：其他学制组合衔接专业点数
2020						
2021						
2022						

单位：人

年份	中职招生数	高职招生数	中高职衔接招生数	
			其中："3+2"衔接招生数	其中：其他学制组合衔接招生数
2020				
2021				
2022				

六、相关问题调研提纲

（一）总体情况

1. 当前职业教育中高职贯通、中本衔接培养有哪几种模式？各种模式学制如何组织及相应规模。

2. 近年来是否出台与贯通、衔接培养相关的政策文件，或实施了促进贯通、衔接培养的专项？如有，请详细介绍，对实施效果进行评估并提供政策文本和项目说明。

3. 开展贯通培养的实施成效如何？所参与的中职学校、高职院校、本科院校反响如何？

（二）实施情况

1. 当前职业教育中高职贯通、中本衔接培养是否针对学校、专业设计了遴选机制？遴选标准如何？如有具体的遴选标准文本、操作方案等请提供。

2. 当前职业教育中高职贯通、中本衔接培养是否围绕人才培养制定了相关规范和标准（如人才培养方案开发指导手册、课程标准模板等）？这些规范和标准如何体现一体化育人？规范效果如何？如有具体的规范和标准文本请提供。

3. 是否对公共基础课在各类贯通和衔接培养中的安排作出规定或指导？如公共课总课时数、公共课在不同学段的布局等。

4. 当前职业教育中高职贯通、中本衔接培养是否有转段性质的考试，或判断学生能否转段的评价？如果有，考试的内容和方式如何设计？实施效果如何？转段率如何（分不同项目介绍）？

5. 当前对职业教育中高职贯通、中本衔接培养中的学籍注册如何安排？

6. 当前是否制定了贯通、衔接培养的质量保障机制和退出机制？是否纳入年度专业设置常态工作？如有，请介绍相关做法和经验。

7. 当前是否针对中高职贯通、中本衔接人才培养开发专门教材和教学资源？如有，请介绍详细情况。

8. 当前中高职贯通、中本衔接是否制定校际合作协议？如有，请提供 3～5 个协议样本。

9. 当前贯通和衔接项目中，合作双方学校的经费分配和使用如何安排？

10. 当前有无针对贯通、衔接中出现的可能隐患，制订相应的对策？如有，请列明可能的隐患及相应的对策。

11. 在开展省域现代职业教育体系建设改革试点中，有无中高职贯通模式、机制探索或相关考虑？

12. 在现有的核心课程、优质教材、实践项目建设中，有无中高职贯通相应基础？

13. 中高职贯通项目中总学时数及公共基础课学时数（抽取本省 10 个典型贯通专业）；

14. 中高职衔接项目中总学时数及公共基础课学时数（抽取本省 10 个典型衔接专业）；

15. 中本衔接项目中总学时数及公共基础课学时数（抽取本省 5 个典型衔接专业）；

16. 中高职贯通项目中实践性教学学时数（抽取本省 10 个典型贯通专业）；

17. 中高职衔接项目中实践性教学学时数（抽取本省 10 个典型衔接专业）；

18. 中本衔接项目中实践性教学学时数（抽取本省 5 个典型衔接专业）。

附录 D 各省份高等职业教育考试招生相关制度

省份	面向普通高中生	面向中职学生
北京	高职院校对普通高中生和中职学生分别制定测试办法。普通高中学生参考综合素质评价信息	在文化课笔试基础上，充分考虑中职学生的职业技能水平
天津	普通高中毕业生通过春季高考报考高职院校，参加职业适应性测试，文化素质成绩使用普通高中学业水平考试成绩，参考高中学生综合素质评价	中职学校毕业生通过春季高考报考高职院校，参加文化基础与职业技能相结合的测试。探索春季高考英语科目考试成绩由全国英语等级考试（PETS）成绩认定的办法
河北	普通高中毕业生报考高职院校，参加职业适应性测试，参考综合素质评价。学生素质成绩使用高中学业水平考试成绩，参考高中学业水平考试成绩。社会考生根据自身情况，也可参加统一高考进入高职院校。可参照以上模式自行选择报考方式	中职学校毕业生报考高职院校，参加文化基础与职业技能相结合的测试
山西	高职院校面向普通高中毕业生单独招生，进行文化素质和职业适应性测试。文化素质成绩使用现有高中学业水平考试成绩，职业适应性测试包括通用技术基础、职业倾向和职业潜能等内容	高职院校面向中等职业学校（含技工学校）毕业生单独招生，进行文化素质与职业技能考试；面向符合高考报名条件具有实践经历人员单独招生，进行面试和职业技能考试。2018年起，中职对口升学在部分专业增加技能考试
内蒙古	普通高中毕业生报考高职院校，参加职业适应性测试成绩，参考综合素质评价。文化素质成绩使用高中学业水平考试成绩评价	中职学校毕业生报考高职院校，参加文化基础与职业技能相结合的测试

续表

省份	面向普通高中生	面向中职学生
辽宁	普通高中毕业生参加高职院校春季招生，必须参加招生院校组织的职业适应性测试，以职业适应性测试成绩、招生院校参考考生学业水平合格性考试成绩、综合素质评价为主要依据，择优录取	高职院校招收中等职业学校毕业生，实行"文化素质＋职业技能"的考试评价方式，由省级机构统一组织实施
吉林	高职院校招收普通高中学生的考试由文化素质和职业适应性测试两部分组成。文化素质依据普通高中学业水平合格性考试成绩确定；职业适应性测试由各高职院校自主测试相结合	中职学校毕业生报考高职院校的考试由文化基础课和职业技能测试两部分组成。文化基础课由省教育厅统一命题、统一组织考试；职业技能测试由各高职院校单独组题，自主测试
黑龙江	普通高中毕业生报考高职院校，参加职业适应性测试，文化素质成绩使用高中学业水平考试成绩，参考综合素质评价。招生院校根据有关规定确定具体报考条件、选拔评价办法和录取规则，并在招生章程中公布	中职学校毕业生报考高职院校，参加全省统一组织的文化基础课和职业技能测试，职业技能测试均以原始分数记入考生总成绩，择优录取
上海	在专科层次自主招生中，高中生应参加报考学校组织的职业适应性测试，专科高职院校依据普通高中学业水平考试成绩、职业适应性测试情况和综合素质评价信息进行录取，为深化普通高中课程改革普通高中课程创造条件	优化"三校生"参加专科层次依法自主招生机制。2018年起，专科高职院校依据"三校生"的文化素质（中等职业教育的公共基础学习记录评价等）和职业技能（专业技能学习记录情况等）进行录取。2018年起，在高等学校应用型本科专业招收"三校生"考试模式，改革应用型本科专业面向中等职业学校毕业生招生中，高等学校依据文化素质（中等职业教育的公共基础学习水平考试、思想品德评价等）和职业技能（专业技能学习记录情况等）及统一考试成绩进行录取
江苏	完善面向普通高中学生和面向中职学生的高职院校考试招生办法，具体办法另行公布	

省份	面向普通高中生	面向中职学生
浙江		高职院校面向中职学校包括中专学校、技工学校招生，实行文化素质与职业技能相结合、综合评价、择优录取。文化考试试点范围有计划扩大到普通高校应用型本科专业。文化考试科目：语文、数学2门，单独命题，单独考试。拟报考有外语要求的学校，可选择参加全国英语等级考试（PETS—1）考试。职业技能考试：分17个大类，全省统一组织，分点实施。学生可自主选报1～2个类别。考试每年组织1次。同类考试允许学生至多参加2次，成绩2年有效。语文、数学每门满分150分，职业技能满分300分，均以原始分记入考生总成绩。外语不记入总成绩。总成绩满分600分
安徽	普通高中毕业生报考高职院校，参加职业适应性测试、文化素质成绩使用高中学业水平考试成绩，参考综合素质评价	中职学校毕业生报考高职院校，参加文化基础与职业技能相结合的测试
福建	2016年，省教育厅制定出台高职院校分类考试实施办法。2018年，省教育厅制定出台普通高中毕业生职业适应性测试实施办法和中等职业学校毕业生职业技能测试实施办法。2020年起，实施新的高职院校分类考试招生制度。普通高中毕业考核使用高中学业水平考试成绩，参加职业适应性测试，文化素质综合素质评价	2020年起，中职学校毕业生报考专科高职院校，参加省里统一组织的职业技能测试，文化素质考核使用学业水平考试成绩，参考学生综合素质评价。建立中职毕业和升学一体的重要依据。中职学校学业水平考试是学生毕业和升学的重要依据。实行"文化素质+职业技能"评价方式。学业水平考试科目包括公共基础知识、专业基础知识、专业技能考试3门科目，同一考试科目提供2次考试机会。中职学校在校生须参加所学专业学业水平考试，成绩合格作为毕业依据

省份	面向普通高中生	面向中职学生
江西	2017年起，每年实行高职院校提前考试招生，采取"文化素质+职业技能"的评价方式。2019年前，作为过渡期，文化素质和职业技能测试均由省教育厅制定的统一要求自行组织；2019年起，文化成绩使用学业水平合格性考试语文、数学、外语三科原始成绩，职业技能成绩使用学业水平合格性考试通用技术、信息技术原始成绩。通过高职提前招生已正式录取的考生不能再参加统一高考招生。保留学生通过参加统一高考进入高职院校的通道	探索普通高校面向中职学校，即职业高中、中专学校、技工学校毕业生（"三校生"）对口单独考试招生办法。"三校生"报考高职（专科）院校，采取文化技能相结合的测试方式，参考综合评价，择优录取。文化基础测试由省教育考试院统一组织，职业技能测试由省教育厅制定统一标准，各招生院校具体负责组织
山东	完善春季高考"文化素质+专业技能"考试。自2020年起，文化素质考试包括语文、数学和英语3科，考试满分320分，其中语文、数学各120分，英语80分；专业技能考试满分430分，包括专业知识和技能测试两部分。一体化设计专业知识考试和技能测试，技能测试可根据专业（学科）的不同需要采取笔试或实际操作测试的方式。完善专业技能考试组织办法，逐步实行由行业（专业）指导委员会或学校（专业）联盟组织、招生考试机构监督的考试形式	
河南	高职院校考试招生与普通高校相对分开，实行"文化素质+职业技能"评价方式。普通高中毕业生报考高职院校，参加高中学业水平考试成绩，文化素质测试、适应性测试，文化素质成绩使用高中学业水平考试成绩综合素质评价	中职（含技校）毕业生报考高职院校，参加文化基础和专业技能相结合的测试。加快建立中职学校公共基础课和专业技能考核制度

续表

省份	面向普通高中生	面向中职学生
湖北	普通高中毕业生可以在统一高考前报考省内高职院校。考生须参加职业适应性测试，参考综合素质评价成绩。招生院校依据各合格性考试成绩、职业适应性测试成绩，以及选择提前报考高职院校。未选择提前报考但未被录取的考生，也可参加统一高考进入高职院校	中等职业学校（含技工学校）毕业生及具有同等学力的社会人员可通过全省统一技能高考或单独考试，报考省内高职院校。全省统一技能高考包括文化综合考试和专业技能测试两部分，招生院校依据考生文化综合考试和专业技能测试总成绩，实行平行志愿分类投档录取。单独考试由经批准的高职院校组织，也可由相同或相近类型院校联合组织
湖南	高职院校分类考试招生主要安排在春季组织实施，通过分类考试招生录取的学生不再参加统一高考，实现学生的合理分流。建立技能型人才选拔方式和选拔评价体系，完善"文化素质＋职业技能"的评价方式和选拔制度，文化素质考试科目可使用普通高中学业水平合格性考试成绩，职业技能测试要充分体现职业技能、通用技术等内容	
广东	普通高中毕业生报考高职院校，文化素质成绩采用普通高中学业水平合格性考试语文、数学、英语科目成绩，逐步增加合格性考试科目要求，职业技能采用职业适应性测试成绩。报考高职院校除体育、艺术类专业外的其他专业，职业适应性测试或采用行网上联合测试方式，安排在每年春季进行；报考高职院校体育类、艺术类专业，职业适应性测试或采用省统一测试成绩，艺术类专业、艺术类本科专业的专业术科全省统一考试成绩	加大高职院校毕业面向中职学生自主招生改革力度。高职院校自主招生主要面向中职学生，采用"文化素质＋职业技能"的考核方式。招生院校以文化素质和职业技能为基础，参考综合素质评价进行全面考察、择优录取。文化基础重点考查中职学校学生公共基础知识，安排在每年1月进行；职业技能包括专业基础理论和专业技能，可由专业技能课程证书、国家职业资格证书、职业技能等级证书等体现，也可由中学校组织测试，作为录取的资格或依据。完善"3+专业技能课程证书"统一考试考办法，其中"3"为语文、数学、英语3个科目，由省教育考试院统一组织实施，逐步增加"专业技能课程证书"测试种类。逐步建立健全高职院校校学业水平考试制度和综合素质评价制度，条件成熟后高职院校招收中职学校毕业生依据中职学业水平考试成绩和职业技能测试成绩，参考综合素质评价录取

续表

省份	面向普通高中生	面向中职学生
广西	普通高中毕业生报考高职院需参加招生院校组织的职业适应性测试，文化素质成绩使用高中学业水平考试成绩，参考综合素质评价。探索职业适应性测试、文化基础与技能测试实行全区统考、成绩通用的办法；不断扩大分类考试招生的招生院校范围，增加分类考试招生计划，鼓励高职院校把特色专业作为主要招生专业分类考试招生中招生，加快提高高职院通过非统考方式录取的考生比例，逐步使分类考试招生通过成为高职院校招生的主渠道。保留通过统一高考进入高职院的通道	从2019年起，中职学校毕业生报考高职院校需参加招生院校组织的文化基础与职业技能相结合的测试
海南	普通高中毕业生报考高等职业院校，文化素质成绩使用普通高中学业水平考试的成绩，并参加职业适应性测试由招生学校负责组织实施	中职学校毕业生报考高职院校，参加文化基础与职业技能相结合的测试，由招生学校负责组织实施
重庆	针对普通高中毕业生实行"文化素质测试＋技术科目测试（信息技术、通用技术）"的考试招生评价方式	针对中职学校毕业生，实行"文化素质测试＋职业技能测试（专业综合理论测试、专业技能测试）"的考试招生评价方式
四川	普通高中毕业生报考高职院校，文化素质成绩使用高中学业水平考试成绩，参加职业适应性测试；2021年前，高职单招和职教对口招生两类入学考试时间和录取办法不变，逐步扩大"文化素质＋职业技能"考试的试点专业类别，加大技能测试成绩在录取成绩中所占权重；高职单招文化素质考试由省教育考试机构统一命题，统一评分标准，招生学校组织实施，考试科目自为语文、数学、英语3科，由招生学校根据不同专业确定各科成绩所占培养目标确定各科成绩所占权重；	中职学校毕业生报考高职院校，参加文化基础与职业技能相结合的测试

续表

省份	面向普通高中生	面向中职学生
四川	职教对口招生文化考试科目不变，已进行职业技能测试或的专业不再组织专业综合考试。高职单招的职业技能测试和职业技能测试或进行；职教对口招生的职业技能测试，由省教育考试机构组织制定考试大纲，统一布点，委托有条件的高职院校负责实施	
贵州	普通高中毕业生报考高职院校，参加高职院校组织的职业适应性测试，文化素质测试成绩 2016 年至 2020 年使用现有的高中学业水平考试成绩，2021 年起使用新的高中学业水平考试的合格性考试成绩	中职毕业生报考高职院校，参加由省统一组织的文化基础考试和高职院校组织的职业技能测试
云南	普通高中毕业生报考高职院校，参加职业适应性测试，文化素质成绩使用普通高中学业水平考试成绩，参考学生综合素质评价。学生也可通过统一高考进入高职院校	中职学校毕业生报考高职院校，参加文化素质与职业技能相结合的测试
西藏	普通高中毕业生报考高职院校，参加职业适应性测试，参考学生综合素质评价信息。文化素质成绩使用学业水平考试成绩，职业适应性测试由自治区统一组织实施。学生也可通过普通高考进入高职院校	中职学校毕业生报考高职院校，参加文化基础与职业技能相结合的测试，综合评价，择优录取。文化基础考试内容为中职语文化基础课程科目，自治区统一命题。文化基础考试满分 300 分，职业技能满分 300 分，均以原始分记入考生总成绩，总成绩满分为 600 分。职业技能测试，按职业特点分类，分点实施。学生可自主选报 1~2 个类别，自治区统一组织，考生每年组织 1 次。同类考试允许学生至多参加 2 次，成绩 2 年有效
陕西	普通高中毕业生报考高职院校，参加由高中学业水平考试组织的职业适应性测试，文化素质测试，继续实施技能拔尖人才免试入学合素质评价。	中职毕业生报考高职院校，参加招生院校组织的文化基础与职业技能相结合的测试
甘肃	一	一

续表

省份	面向普通高中生	面向中职学生
青海	普通高中毕业生报考高职院校，参加职业适应性测试，文化素质成绩使用普通高中学业水平考试成绩，参考综合素质评价。学生也可通过参加统一高考进入高职院校。	中职学校毕业生报考高职院校，参加文化基础与职业技能相结合的测试
宁夏	普通高中毕业生报考高职院校分类考试招生，实行"文化素质＋职业技能"评价的办法。参加高职院校分类考试招生的考生，文化素质成绩使用普通高中学业水平考试成绩，数学、外语3个科目合格性考试成绩使用普通高中学业水平考试成绩，化学、生物3个科目合格性考试成绩，通用技术、信息技术2个科目合格性考试成绩，参考综合素质评价的评价方式。2016年至2020年为过渡期，采取区属高职院校自主招生办法录取； 具有高中毕业同等学力的社会人员报考高职院校，考生可从中等职业学校毕业生和普通高中毕业生报考高职院校考核测试方式中任选一种考核方式； 参加高职院校分类考试招生，已经被录取的考生不再参加当年全国统一高考招生。鼓励区外院校参加本区域分类考试招生。继续保留高职专科院校依据统一高考成绩进行录取的渠道，增加考生选择的机会。2017年高职院校分类考试招生逐步成为招生主渠道； 规范五年一贯制招生专业，进一步优化五年一贯制教育结构，合理安排招生计划。除保留艺术、体育、护理、学前教育四个培养周期长的五年一贯制专业，区内高职院校原则上不再安排其他专业五年一贯制招生计划；	中等职业学校毕业生报考高职院校分类考试招生。实行"文化基础＋职业技能"的评价办法。文化基础测试由宁夏教育考试院统一组织实施，数学、英语3科，测试时间安排在每年的3月进行。职业技能测试由宁夏教育考试院依托相关职业院校组织实施，测试方案由宁夏教育考试院备案后实施，报经自治区教育考试院审核在每年的3月底前完成。测试经费由职业教育专项经费予以保障。高职院校根据小学不同专业人才培养需求，从职业技能测试项目18个大类中，自主提出测试项目的要求自主选择参加职业技能测试的项目，按照高校招生要求自主选择自主报考意向，中等职业学校毕业生报考高职院校实行"文化基础＋职业技能"的分类考试招生办法后，区属高职院校自主招生办法同时停止。

续表

省份	面向普通高中生	面向中职学生
宁夏	2016年出台《宁夏回族自治区高职院校分类考试招生改革实施方案》。从2016年起，区属高职院校面向"十二五"中南部地区生态移民子女考生注册入学招生统一归口高职院校分类考试招生管理；根据教育部应用型本科招生的有关政策，适时探索开展应用型本科教育招生试点工作	—
新疆生产建设兵团	—	

137

郑重声明

高等教育出版社依法对本书享有专有出版权。任何未经许可的复制、销售行为均违反《中华人民共和国著作权法》，其行为人将承担相应的民事责任和行政责任；构成犯罪的，将被依法追究刑事责任。为了维护市场秩序，保护读者的合法权益，避免读者误用盗版书造成不良后果，我社将配合行政执法部门和司法机关对违法犯罪的单位和个人进行严厉打击。社会各界人士如发现上述侵权行为，希望及时举报，我社将奖励举报有功人员。

反盗版举报电话　（010）58581999　58582371

反盗版举报邮箱　dd@hep.com.cn

通信地址　北京市西城区德外大街 4 号

　　　　　高等教育出版社法律事务部

邮政编码　100120

读者意见反馈

为收集对教材的意见建议，进一步完善教材编写并做好服务工作，读者可将对本教材的意见建议通过如下渠道反馈至我社。

咨询电话　400-810-0598

反馈邮箱　gjdzfwb @pub.hep.cn

通信地址　北京市朝阳区惠新东街 4 号富盛大厦 1 座

　　　　　高等教育出版社总编辑办公室

邮政编码　100029